目　录

Journal of Language Planning
No. 11
Main Articles

卷首语

平时备急，急时不急

李宇明

2019 年与 2020 年交替之时，全球暴发了新冠肺炎疫情。中国的语言学人临危而起，组建"抗疫语言服务团"等各种团队，自发地各尽所能地进行应急语言服务，或作普通话与方言、民族语言的对应，或作中文与外文的翻译，或设计"简明汉语"，或设坛论道，或上书建言，作出了"虽无大誉、却有实为"的学科贡献，心中常怀"我们也在一线"的时代自豪。更为重要的是，这些行动把应急语言服务推到了社会与学科的前台，也在实践中更深入地体会到应急语言服务该如何开展。

公共突发事件的救急现场，应急语言服务者一般都难以到达。应急语言服务的能量发挥，是在二线，是在平时。"平时备急，急时不急"，可谓应急语言服务的理想状态。

平时之备，首先在于应急语言服务的法制、体制、机制建设。应把应急语言服务写入《突发公共卫生事件应急条例》，纳入国家应急行动的总盘；应调查公共突发事件的常发情况及其语言需求，制定科学有效的语言应对预案。

其次，应组建国家应急语言服务团。服务团可分地区、分领域、分单位组织，依照处置公共突发事件的需要配伍建制。团员是一批特殊的志愿者，凡有应急语言服务的一技之长者，都可自愿参加。团员平时在各自岗位，急时能够应召效力，"招之即来，来之能战，战之能胜"。聚如一团火炬，散若满天星辰。

第三，建立应急语言服务基地。基地的任务是进行专业研究、技术研发、教学培训、服务团组建运作、社会联络与国际合作等。基地建设不能有急功近利之念，须与学科建设相结合，与应急语言服务的实际行动相结合，应重视语言信息化手段的研发，利用多语种优势，逐渐建成保障社会安全的语言服务平台。应急语言服务实践性很强，但也要重视学科基础建设，促成"应急语言学"这一新学科的诞生。

第四，进行应急语言教育，包括：A、社会教育；B、学生常识教育；C、应急语言服务团教育；D、应急救援者培训；E、专业教育。教育的目的是，增强社会应急语言意识，普及社会应急语言常识，培训救援人员的应急语言技能，培育应急语言服务的人才培养专业。

应急语言服务既是学术事业，又是造福人类的伦理行动。这一事业，这一行动，在国内外还都属于新事物。发展应急语言学，开拓应急语言服务事业，需要激情与胸怀，需要创新与耐心，需要国家政策与社会支持。疫情在世界范围内还没有结束，"后疫情时代"的说法还为时尚早，我们还不能稍有懈怠。

语言文字规范标准研究

谈谈什么是病句的问题

陈立民　高等教育出版社《中国大学教学》编辑部

[摘　要]　本文从四个角度给病句下定义：1. 病句是有毛病的句子，从而是不可说的句子；2. 病句是以所在语言为母语的本地人公认有毛病的句子；3. 病句是因为违反相关语法规则而导致毛病的句子；4. 病句是由于说话人个人的原因而使其在生成句子的过程中违反相关语法规则而形成的有毛病的句子。文章特别强调如下一点：句子生成规则有基本语法规则和语境语法规则之分。语境语法规则是指说话人在生成一个句子时为了使句子切合特定的语境而需要遵守的语言规则，而基本语法规则就是一般意义上的句子生成规则。有些句子成为病句，其原因不在于违反了相关的基本语法规则，而在于违反了相关的语境语法规则。换句话说，某个病句单独看来并没有问题，但如果把它放在特定的语境中就有问题，这是因为它不是违反了某条基本语法规则，而是违反了某条语境语法规则。

[关键词]　病句、病句的定义、基本语法规则、语境语法规则

一、引言

在过去，语言学家从语言学习和语言教学的角度提出并分析了大量的汉语普通话病句，他们不仅自己而且要求别人（比如教师、学生）对病句做以下几项工作：1. 确定一篇文章（包括学生作文）中的某个句子是病句；2. 具体指出这个病句的错误在哪里；3. 改正这个错误；4. 说明改正的理由。下面举一个简单的例子来说明（本文以下所举例子全部是汉语普通话的例子）：

（1）看完这部电影，我深深感到，作为一个中国青年，应该怎样做才能对祖国有贡献呢？

（1′）看完这部电影，我产生了一个问题：作为一个中国青年，应该怎样做才能对祖国有贡献呢？

例（1）是原文，是个病句，例（1′）是改作，是一个正常的句子。例（1）只改了一处，就是把"我深深感到"改为"我产生了一个问题"。假设这是一个老师批改一个学生的作文，老师只这么改，不加说明，学生不一定知道原文有什么不对，为什么要这么改。这种地方最好加一条批语说明一下：说"深深感到"的时候，总是对一件事有明确的看法，所以后面不能是疑问句。例如只能说"我深深感到这个决定是正确的"，不能说"我深深感到这个决定是否正确"。原文"感到"后面跟的是疑问句，所以站不住。（朱德熙，1983）

也有一些语言学家对病句作理论探讨。先看下面例子：

（2）＊小王饭吃。（比较：小王吃饭）

（3）＊小王喝饭。（比较：小王吃饭/小王喝水）

（4）＊小王吃拖拉机。（比较：小王开拖拉机）

上面三个句子都是病句（括号里的相应的句子是正常的句子），但语言学家们对这些病句是不是语法学意义上的病句有争议。有两种看法：一些语言学家（例如宋玉柱 1990、1991 等）认为，例（2）的问题是语法问题，但例（3）的问题是词汇问题，例（4）的问题是逻辑问题。也有一些语言学家（例如郭绍虞 1979，常敬宇 1990 等）认为例（2）、例（3）、例（4）的问题都是语法问题。上述争议的背后隐藏着语言学家们对语法学的研究对象的看法的分歧。就句子而言，一些语言学家坚持认为语法学的研究对象就是句子的句法结构，而不是句子的语义结构或语用结构，并且坚决主张把句子从相关语境中孤立出来加以研究。而另一些语言学家从三个平面理论出发，认为句子的句法结构、语义结构和语用结构都是语法学的研究对象，其中一些语言学家同时还主张联系相关语境来研究句子。当然，对于这些语言学家来说，句子的句法结构、语义结构和语用结构这些概念在他们那里并不是很清晰。

在我们看来，上述两派都没有能够提出充分的理由来说服对方。本文是同意后一派意见的，即认为上述三个病句的问题都是语法问题，但是我们还要进一步做下面的工作：指出这些语法病句的语法错误性质各不相同，对相关概念作出明确的界定。

二、病句是有毛病的句子，从而是不可说的句子

从字面上讲，病句就是有毛病的句子（或者说有错误的句子、有问题的句子），[①] 从而是不可说（或者

说不能接受、不能成立）的句子。比如《现代汉语词典》就说："病句就是在语法上或修辞上有毛病的句子。"相反，正常的句子就是没有毛病的句子（或者说没有问题的句子、正确的句子），从而是可以说（或者说可以接受、可以成立）的句子。

但是上述关于病句的定义只能告诉我们一个病句为什么是病句，却不能回答以下问题：（一）我们是怎么知道这个病句是有毛病的？（二）为什么这个病句被看作是有毛病的句子？（三）这个病句的毛病跟别的病句的毛病在性质上有什么不同？（四）是什么原因促使说话人说出这样一个有毛病的句子来？因此我们还需要从其他角度来定义病句。

需要指出的是，在下面关于病句的几个定义中，后一个定义总是以前一个定义为基础，换句话说，后一个定义是在前一个定义的基础上扩展而来。由于病句总是相对于正常的句子而言的，所以我们在给病句这个概念下定义的同时也给正常的句子这个概念下了定义。

三、病句是以所在语言为母语的本地人公认有毛病的句子

我们可以从听话人和病句的关系的角度来给病句下定义：一种语言中的一个病句就是以这种语言为母语的本地人公认有毛病的句子。就汉语普通话而言，就是以汉语普通话为母语的本地人公认有毛病的句子。这就是说，我们可以根据汉语普通话为母语的本地人的语感来判断一个句子是病句还是正常的句子。所谓语感，就是一个本地人对他的母语的语言事实的一种直觉认识。由于汉语普通话是在北京话的基础上发展起来的（胡明扬，1987），因此对于汉语普通话来说，下面两种人的语感最可靠：1. 地道的北京人。2. 长期居住在北京并且在日常生活中使用普通话跟人打交道的外地人。这就是说，如果要决定一个汉语普

---

① 我们这里说的"毛病（错误/问题）"特指"语言毛病（错误/问题）"。此外一个句子还可能包含有逻辑错误、百科知识错误等。单纯包含逻辑错误、百科知识错误的句子不算是病句。

通话句子是正常的句子还是病句，我们可以优先选择这两种人作为调查对象，以他们的语感作为判断的依据。关于语感在语言研究中的作用的问题我们另文进行进一步的讨论。

过去已经有语言学家在具体的病句分析实践中运用语感来确定病句，而且明确地指出了这一点。下面举两个例子：

（5）美两位换心者互相见面。（新闻标题）

这是一个病句。对于这个病句，吕叔湘（1984）作了如下的评论：

　　早些时候在《人民日报》（1987 年 5 月 27 日第 7版）上看到一条新闻的标题：《美两位换心者互相见面》，当时觉得这里边好像有个什么问题，可是一时没想出个所以然，也就没再去想它。最近想起这个问题，又琢磨了一阵，似乎能说出点道理，写下来请同志们指教。

　　先说，如果这个标题是《美两位换心者相见》，就一点儿不觉得怎么样。（"换心"指心脏移植。）可是把"相见"改成"互相见面"，就觉得不对劲，觉得这个"互相"是多余的，《两位换心者见面》就够了。

　　为什么？因为"见面"是由双方共同实现的行动，"互相"的意思已经包含在里边了。那么，为什么"相见"又没问题呢？因为"见"，也就是"看见"，是单向行动（姑且称为"行动"），是一方对于另一方的行动；甲看见乙，乙不是必然也看见甲。如果要表示在家看见乙的同时乙也看见甲，就得说"相见"。（当然"相见"还含有事先作了安排，不是偶然相遇的意思，这一层意思与本文讨论的问题无关。）至于"见面"，那就不是单方面可以实现的行动，也就是说，互相的意思已经包含在里边了。

　　凡是必得由双方共同实现的行动，都不需要加"互相"。

在这里，吕叔湘所说的"觉得这里边好像有个什么问题""觉得不对劲"就是一种语感，就是根据自己的语感来确定例（5）是有毛病的。当然要找出例（5）的具体错误所在，还需要一番"琢磨"的工夫，即经过一番比较分析才会明白其中的错误是什么。这就是说，我们知道如果表示同样的意思一般会说例（5′）：

（5′）美两位换心者见面。

这就是说，其中的"相互"是多余的。"相互"之所以是多余的，是因为"相互"所修饰的动词"见面"是由双方共同实现的行动，"互相"的意思已经包含在里边了。

（6）你有替我买一点白兰地吗？

这也是一个病句，① 正确的说法是：

（6′）你替我买了一点白兰地吗？

对于上述病句，朱德熙（1959）有如下的评论：

　　我们习惯于把作文跟说话割裂开来，看成不同的两件事，忘记了作文就是说话。一提起笔，就想到是在"做"文章，把口语丢到九霄云外，努力去追求一些口语里从来不说的，又生硬又别扭的句式。譬如在一本翻译小说里，竟然会有这样的句子："你有替我买一点白兰地吗？"用不着什么语法知识，单凭我们对口语的感性知识，就知道这句话是不通的。

这里所说的"对口语的感性知识"就是说的对于语言的语感（在文章的后面，朱德熙的表述是"我们对语言的直感"，更准确）。当然要具体指出其中的错误所在，并说明错误的原因，同样需要费一番比较分析的工夫。下面是朱德熙（1959）的进一步的评论：

　　例如上引"你有替我买一点白兰地吗？"一句，就不符合汉语的语法规律。我们知道，在一般情形之下，"有"的否定形式是"没有"（有人——没有人，有事——没有事），但是放在动词前边，情形就不同了，我们可以说"没有去"，可是不能说"有去"，

① "你有替我买一点白兰地吗？"之类的句子，因受港粤普通话影响，近年来在中国大陆有时也能听到一些电视节目主持人和年轻人这样说，但我们对它在普通话中的合法性持怀疑态度。相比之下，"你有没有替我买过一点白兰地？"这一句式已有进入普通话的趋势是可以承认的。

"没有去"的反面是"去了"，不是"有去"。同样，可以说"你没有替我买一点白兰地吗？"也可以说"你替我买一点白兰地吗？"但是不能说"你有替我买一点白兰地吗？"

四、病句是因为违反相关语法规则而导致毛病的句子

从病句和语法规则的关系角度来定义病句：说话人在造句时违反了有关语法规则从而导致一个句子产生毛病，这样的句子就是病句。而正常的句子就是说话人在造句时不违反相关语法规则从而得到没有毛病的句子。这里所说的语法规则，就句子而言，就是生成句子的一个个规则，简称为句子生成规则。我们可以根据这些句子生成规则性质的不同，从两个角度来给它们分类。

第一个分类角度：把句子生成规则分为语义结构规则、句法结构规则和语用结构规则三类。

这种分类我们（陈立民，2008）实际上已经作出，现在把基本结论概述如下：句子的表现对象是事件（一个句子表现一个事件或事件组合），因此描写句子生成过程的起点是分析事件的结构。任何一个句子都包含三重语法结构形式，这就是语义结构形式、句法结构形式、语用结构形式，三者之间具有转化关系。换句话说，句子的语义结构形式按照一定的语法规则转化为句法结构形式，这样的语法规则就是句法结构规则。句子的句法结构形式按照一定的语法规则转化为语用结构形式，这样的语法规则就是语用结构规则。与此同时，当说话人把一个事件表示为相应的句子的语义结构形式的时候，他也需要遵循一定的语法规则，这样的语法规则就是语义结构规则。这样我们就建立了一个新的句子生成模式（其中的双箭头的意思是"表示为"，单箭头的意思是"转化为"）：

现实/想象世界	现实/想象事件	语境制约
语言表达	↓ 语义结构规则	
	语义结构形式	
	↓ 句法结构规则	
	句法结构形式	
	↓ 语用结构规则	
	语用结构形式	

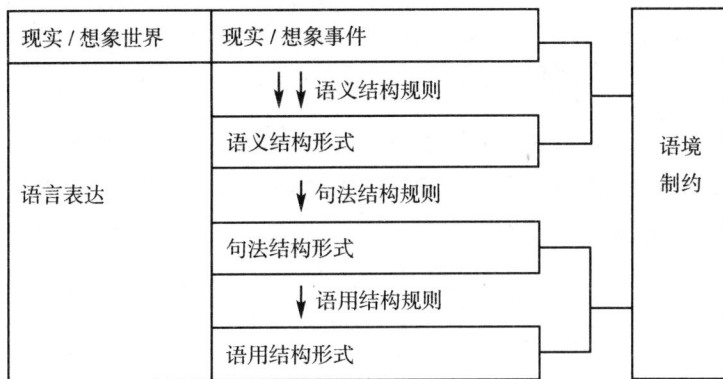

这就是说，与三个语法结构形式相对应的是三种语法结构规则：语义结构规则、句法结构规则、语用结构规则。换句话说，语义结构规则就是生成一个合格的句子语义结构形式需要遵守的语法规则，句法结构规则就是生成一个合格的句子句法结构形式需要遵守的语法规则，语用结构规则就是生成一个合格的句子语用结构形式需要遵守的语法规则。从这个意义上讲，病句就是至少违反了语义结构规则、句法结构规则、语用结构规则中的一个规则的句子，而正常的句子就是语义结构规则、句法结构规则、语用结构规则中任何一种语法规则都不违反的句子。限于篇幅，本文对上述观点不再举例说明，具体例证可参看陈立民（2006、2008）。

第二个分类角度：把句子生成规则分成基本语法规则和语境语法规则两类。

语境语法规则（或者说语言交际规则）就是说话人在生成一个句子时为了使句子切合特定的语境而需要遵守的语言规则。如果说话人在生成一个句子过程

中遵守相关的语境语法规则，那么这个句子就跟特定的语境之间是和谐的，否则就是不和谐的。而基本语法规则就是一般意义上的句子生成规则。这是说话人生成一个句子时首先需要遵守的语法规则。

基本语法规则和语境语法规则的区分跟我们看待句子的方式密切相关。这就是说，有具体的句子，又有抽象的句子。具体的句子指的是处在特定语境中的句子，而抽象的句子指的是脱离了特定语境的句子，即研究者把一个句子从特定语境中孤立出来而得到的语言形式。人们在实际的交际活动中说的句子都是具体的句子。这就是说，抽象的句子和具体的句子不是句子的两个不同类别，而是我们看待句子的两种不同的方式。① 下面例子是很好的说明："今天星期六"在一年中可以用上五十几次，每次都有不同的意思，都属于一个具体的句子，从而有五十几个具体的"今天星期六"。但是我们可以舍弃每次说这个句子的特定的语境，这样就可以得到一个抽象的"今天星期六"。（张斌，1998）

研究、分析抽象的句子，所得到的语法规则就是基本语法规则。研究、分析具体的句子，所得到的语法规则除去基本语法规则，就得到语境语法规则（或者说语言交际规则）。从这个意义上讲，病句就是违反了基本语法规则或语境语法规则的句子，而正常的句子就是既不违反基本语法规则，又不违反语境语法规则的句子。下面我们举几个简单的例子来说明什么是基本语法规则，什么是语境语法规则。

例子一：假设有"家""三""房"三个词，代表三个概念。但按这个次序组成"家三房"，就不能在现代汉语社团里叫人听懂。但是，如果在"家"后面加"里"组成"家里"，在"三"与"房"之间加"间"组成"三间房"，使原来不具语法关系的三个词变成：

（7）家里三间房。

这就是一个很好的句子。这个句子体现了语法的作用，它至少涉及下面几条规则：（一）"家"+方位词"里"→处所词组"家里"。（二）处所词（组）可以用作主语。（三）"三"+量词"间"+"房"→数量名词组。（四）数量名词组可以用作谓语。（五）"家里"+"三间房"→主语+谓语→句子。（许国璋，1988）这里列举的五条规则都属于基本语法规则。

例子二：现代汉语的第二人称代词有尊称形式"您"和通称形式"你"之分，说话人在说话的时候是选用尊称形式还是通称形式，取决于说话人和听话人在身份地位上的关系以及在这种关系中所充当的角色。这里有如下的规则：（一）在等级关系中，处于等级较低的一方使用尊称形式，而对方回报以通称形式。（二）在对等关系中，由于双方是平等的，为了区别于等级关系，双方就使用互换的代词形式。比如在《四世同堂》中，天佑太太和祁老人是儿媳和公公的等级关系，天佑太太处于等级较低的一方，她对祁老人说话就使用了第二人称代词的尊称形式："我们不能教您老人家去！事情不好办是真的，可是无论怎么说，我们得想法子孝顺您！还说您的筐子扁担呢，横是搁也搁烂了。"祁老人和儿媳说话则只用"你"而绝不会用"您"。《四世同堂》中的瑞宣和瑞全是弟兄同胞间的对等关系，他们彼此互换使用同一个代词形式"你"。（陈松岑，1989）这里列举的两条规则属于语境语法规则。

例子三：汉语中问别人的年龄是有讲究的，使用什么语言形式取决于所问对象的年龄。下面是相关规则："几岁"仅限于问儿童，或者儿童之间互问；"多大了"可问儿童，也可问青年；"多大年纪"则是问老年人的用语。（王还，1987）例如，一个美国老太太对着一个中国儿童很客气地问：

（8）你几岁了？

同一个美国老太太又对着一个中国青年很客气地问：

（9）你多大了？

同一个美国老太太又对着一个中国老太太很客气地问：

---

① 可以说，就句子层面而言，我们这里的抽象的句子和具体的句子的区分，就是索绪尔的 langue 和 parole 的区分，过去我们把这两个术语分别翻译成"语言"和"言语"是不准确的。

（10）你多大年纪了？

这些都是没问题的。但是，如果同一个美国老太太对着一个中国老太太很客气地问：

（8′）＊你几岁了？

语境语法规则	语境	例子（问话方式）
规则一："几岁"限于问儿童，或者儿童之间互问	一个美国老太太问一个中国儿童年龄	（8）你几岁了？
规则二："多大了"可问儿童，也可问青年	一个美国老太太问一个中国青年年龄	（9）你多大了？
规则三："多大年纪"是问老年人的用语	一个美国老太太问一个中国老太太年龄	（10）你多大年纪了？ （8′）＊你几岁了？

值得注意的是，假如我们把例（8′）中的"你几岁了？"从它所在的语境中抽取出来单独看待：

（8″）你几岁了？

这个句子就什么问题都没有了。

上面两个角度的句子生成规则分类的关系可以用下图表示如下：

语义结构规则	基本语法规则
	语境语法规则
句法结构规则	基本语法规则
语用结构规则	语境语法规则

下面举一个例子来加以说明：

（11）这小姑娘有她的办法。

在这里，"这"可以和"小姑娘"组合，"这个""这一个"也能作同样的组合，但"这些"不行，因为受组合成分是"她"而不是"她们"。其次，"这小姑娘"作为主语可以和"有"（作为谓语）组合；"有"作为及物动词可以和"她的办法"组合（作为宾语）。从以上我们可以看出三条组合规则：（一）"这小姑娘"和"她的"在数的范畴上的一致（也可以说在性的范畴上的一致，不过汉语口语中"她"和"他"没有区别）。（二）"有"和"办法"在及物性上的一致。（三）"有她的办法"（作为谓语）的主语，在这里是一个有意识的物体。因此，第三条规则可以叫作主谓间的"语义一致"。具体来说，一个有意识的物体才谈得上想出一个解决问题的办法。如果在日常生活中有人说一块石头可以想出一个解决问题的办法，那他就违背了人们的常识。由于这些规则，我们不能说：

（11′）这些小姑娘有她的办法。（数失去一致）

（11″）这小姑娘有。（及物失去一致）

（11‴）这小石块有她的办法。（语义失去一致）（参看许国璋 1986：3—4）

上面列举的三条规则都属于语义结构规则，同时规则一和规则二属于基本语法规则，规则三则属于语境语法规则。

五、病句是由于说话人个人的原因而使其违反相关的语法规则而形成的有毛病的句子

从说话人和病句的关系角度来定义病句：由于说话人个人的原因而使说话人在生成句子的过程中违反了相关的语法规则，这样得到的句子就是病句。相反，如果说话人避免了生成病句的个人因素从而在生成句子的过程中不违反相关的语法规则，这样得到的句子就是正常的句子。下面举几个例子来加以说明：

（12）会议通过了《中华人民共和国缔结条约程序法》共二十一条，自公布之日起实施，<u>它将适应于中国同外国缔结的双边和多边条约、协定和其他具有条约、协定性质的文件</u>。（新华社电讯，下同）

引文里的"适应"显然是"适用"之误。

（13）全国人大常委会今天通过了一项严厉惩处毒品犯罪的决定，对走私、贩卖、运输、制造鸦片一公斤以上和海洛因五十克以上的将处以十五年有期徒刑、无期徒刑或者死刑。

……

根据这一决定，可以处十五年有期徒刑、无期徒刑或者死刑，并处没收财产的毒品犯罪<u>还包括下列四种情形</u>：

——走私、贩卖、运输、制造毒品集团的首要分子；

——武装掩护走私、贩卖、运输、制造毒品的；

——以暴力抗拒检查、拘留、逮捕，情节严重的；

——参与有组织的国际贩毒活动的。

引文的第二段的"还"字显然是"共"字之误。

（14）美国数学学会最近公布的一项报告说，上一学年全美国获得美国数学博士的九百三十三人中，<u>非美国籍的华裔就有二百零四名</u>。在这二百零四名非美国籍的华裔博士中，八十三人来自中国大陆，五十九人来自中国台湾省，十二人来自香港，还有五十人未注明是来自中国大陆，还是来自中国台湾省或香港。

"非美国籍的华裔"是自相矛盾的。"华裔"是华侨在侨居国所生并取得侨居国国籍的子女，现在常常把华侨所生的第三代，甚至第四代也包括在内。但是有一个重要条件，就是他本人不是从中国去的，而是出生在外国并且有外国国籍的。如果没有外国国籍，只能称为"华人"；久居不归的则称为"华侨"。现在有时候在报刊上也看见把在中国出生而取得外国国籍的也称为"华裔"，其实是不妥的，只能成为某籍华人。

现在我们来看造成上述三个病句的个人原因。以上三则电讯都有文字失误，但是性质不完全相同。例（12）的"适用"错成"适应"可能是误解词义，也可能是在作者的方言里"应"和"用"发音相同或相近。例（13）应该用"共"而误用"还"，是因为上文已经有了一句"对走私……或者死刑"的总提，误

以为等同于四种情形里的第一种，可是下面又列举四种情形，没有把第一种去掉。例（14）的把"华人"误为"华裔"是因为不知道"华裔"的意义。例（12）和例（13）都可以归入"忙中有误"一类，如果写完了电讯稿再看一遍，就可能发现错误，即时改正。例（14）是常识问题。如果不知道"华人"和"华裔"分别，多看几遍也没用。（吕叔湘，1992）

六、结语

在上面，我们分别从四个角度给病句下了四个定义：（一）病句是有毛病的句子，从而是不可说的句子。（二）病句是以所在语言为母语的本地人公认有毛病的句子。（三）病句是因为违反相关语法规则而导致毛病的句子。（四）病句是由于说话人个人的原因而使其在生成句子的过程中违反相关语法规则而形成的有毛病的句子。在这个过程中我们特别强调了这样一点：句子生成规则有基本语法规则和语境语法规则之分。语境语法规则是指说话人在生成一个句子时为了使句子切合特定的语境而需要遵守的语言规则，而基本语法规则就是一般意义上的句子生成规则。有些句子成为病句，其原因不在于违反了相关的基本语法规则，而在于违反了相关的语境语法规则。换句话说，某个病句单独看来并没有问题，但如果把它放在特定的语境中就有问题，这是因为它不是违反了某条基本语法规则，而是违反了某条语境语法规则。或许可以这么说，这是整篇文章最有创造性的部分。

最后还补充说明一点。在我们看来，一个概念有本来的定义，又有研究者的定义，即研究者针对一个概念所提出的定义。一个概念的本来定义只有一个，而研究者定义可以有很多个。这是因为，不同的研究者由于学识以及看问题的角度的差异，对同一个概念可以各自提出不同的定义；而同一个研究者也可以从不同的角度给同一个概念下定义。研究者的定义或者不符合概念的本来定义，或者接近概念的本来定义，或者符合概念的本来定义。使自己的定义完全符合概念的本来定义是每个

研究者的最终目标。上述原理对讨论病句概念也同样适用。如前所述，我们提出了关于病句的四个定义，这四个定义都是病句概念的研究者定义。在这四个研究者定义中，后一个定义总是以前一个定义为基础，换句话说，后一个定义是在前一个定义的基础上扩展而来。与此相应，后一个定义总是要比前一个定义更完整一些，而最后一个定义最完整。我们或许可以这么说，这最后的最完整的定义就是最接近于病句概念本来定义的定义，亦即最准确的定义。

参考文献

[1] 陈松岑：《礼貌语言初探》，商务印书馆 1989 年版。

[2] 陈立民：《焦点概念及相关的几个问题》（2006），见陈立民的微信公众号《学问的创造》，2017 年 11 月。

[3] 陈立民：《论句子由小句构成》（2007），见陈立民的微信公众号《学问的创造》，2017 年 11 月。

[4] 陈立民：《语言的结构和结构的转化——句子生成初论》（2008），见陈立民的微信公众号《学问的创造》，2018 年 3 月。

[5] 常敬宇：《语义在词语搭配中的作用——兼谈词语搭配中的语义关系》，《汉语学习》1990 年第 6 期。

[6] 胡明扬：《北京话初探》，商务印书馆 1987 年版。

[7] 郭绍虞：《汉语语法修辞新探》，商务印书馆 1979 年版。

[8] 吕叔湘：《语文杂记》（1984），《吕叔湘文集》（第 5 卷），商务印书馆 1993 年版。

[9] 吕叔湘：《未晚斋语文漫谈》（1992），《吕叔湘文集》（第 5 卷），商务印书馆 1993 年版。

[10] 宋玉柱：《词语搭配的类型及其性质》（1990），《语法论稿》，北京语言学院出版社 1995 年版。

[11] 宋玉柱：《关于词语搭配的正确性和真实性》（1991），《语法论稿》，北京语言学院出版社 1995 年版。

[12] 王还：《由编汉英双解词典看到的词典释义问题》（1987），《门外偶得集》（增订本），北京语言学院出版社 1994 年版。

[13] 许国璋：《语言的定义、功能和起源》（1986），《论语言和语言学》，商务印书馆 1997 年版。

[14] 许国璋：《论语法》（1988），《论语言和语言学》，商务印书馆 1997 年版。

[15] 张斌：《汉语语法学》，上海教育出版社 1998 年版。

[16] 周绍珩：《前提和语义》，北京市语言学会编《语言论文集》，商务印书馆 1985 年版。

[17] 朱德熙：《从作文和说话的关系谈到语法教学》（1959），《朱德熙文集》（第 4 卷），商务印书馆 1999 年版。

[18] 朱德熙：《现代汉语语法研究的对象是什么》（1987），《朱德熙文集》（第 3 卷），商务印书馆 1999 年版。

[19] 尼尔·史密斯、达埃德尔·威尔逊：《现代语言学（乔姆斯基革命的结果）》，外语教学与研究出版社 1983 年版。

[20] 斯托克威尔：《句法理论基础》（1977），吕叔湘、黄国营译，华中工学院出版社 1986 年版。

What Is an Incorrect Sentence?

CHEN Limin

(Editorial Office of *China University Teaching*,

Higher Education Press)

Abstract：This paper defines an incorrect sentence from four aspects. Firstly, it is a faulty sentence that is not acceptable; secondly, it is a sentence considered ill-formed by native speakers; thirdly, it is a sentence that violates grammatical rules; and fourthly, it is a sentence that violates relevant grammatical rules in the process of sentence formation due to the speaker's personal reasons. The paper emphasizes that sentence generative rules can be divided into basic grammatical rules and contextual grammatical rules. Contextual grammatical rules refer to the language rules that the speaker needs to abide by in order to make the sentence fit the specific context when generating a sentence, while the basic grammatical rules are the generetive rules of sentence generation. The reason for some incorrect sentences lies not in the violation of basic grammatical rules, but in the violation of contextual grammatical rules. In other words, an incorrect sentence alone is acceptable, but if put in a specific context, it will be unacceptable. It violates a contextual grammatical rule instead of a basic one.

Key words：incorrect sentences; definition; basic grammatical rules; contextual grammatical rules

作者简介

陈立民，编审，主要研究方向：语法学，语音学。

（学术编辑　朱宏一）

日本标准语规划问题考*

王璐　新乡医学院外语学院　北京语言大学中国语言文字规范标准研究中心

[摘　要]　本文梳理了日本地域方言权威性的转向和社会方言权威性的历史沿革，认为日本以既有权威地域性又有权威社会性的语言变体作为标准语规划的基础方言，是较为科学合理的，也为其他国家的标准语规划工作树立了成功典范。权威社会方言较权威地域方言在标准语规划中所起的影响更大。这些认识对于理解日本标准语的定义内涵，以及国家开展标准语的规划建设提供了丰富的理论支持和现实价值。

[关键词]　语言规划；标准语；基础方言；地域方言；社会方言

一、引言

标准语规范形式的形成和确立，是社会顺利运转的基本保障，是语言规划建设的重要内容。标准语是经过人为规范的全民族共通语，具备跨地区、跨阶层、跨族群交际沟通的功能。基础方言的科学抉择，是标准语规划工作的关键所在，是标准语规范形式建设的基础。一般来说，标准语基础方言应是具有权威地域性与权威社会性的结合体，这点在日本标准语的定义"标准语即东京山手地区中流家庭①使用的语言（韩涛，2016）"中得以充分体现。目前日本标准语定义的内涵及确立过程尚未引起学界足够的关注，本文将从权威地域方言和权威社会方言的选取问题出发，进一步解读日本标准语的定义本质，进而发掘日本标准语规划建设的科学价值。

二、方言的双重权威性

方言依据分类标准的差异，可以划分为地域方言和社会方言。大体上，提及方言，人们一般首先想到的是地域方言。地域方言主要是依据地理空间的差异而形成的语言变体，是语言在地域间不平衡发展的体现。1964年，社会语言学诞生后，社会方言才进入研究视野。社会方言主要指言语社团进行信息传递时，所采用的具有内部群体特征的语言变体，这种变体往往受性别、年龄、职业、阶层等因素影响，形成与其他言语社团的显著性差异。

日本与大多数国家一样，语言具有多样性。和久井生一（1989）提到，东条操将日本地域方言划分为本土方言和琉球方言，本土方言主要分为东日本方言、西日本方言、九州方言。其中，东日本方言包括

*　本文系2019年度教育部人文社会科学研究青年基金项目"百年汉语文白语码择用规范谱系研究（19YJC740099）"、2020年度河南省教育厅人文社会科学研究项目"建国70年来河南省本科院校外语教育语种规划研究（2020-ZDJH-343）"及2020年度河南省教育厅人文社会科学研究项目"语言教育规划视角下河南省本科高校英语教育政策研究（2020-ZZJH-372）"的研究成果；本研究得到李宇明教授的指导，特致谢忱！
①　中流家庭指中产家庭。

东北方言、北海道方言、关东方言、东海东山方言、八丈岛方言；西日本方言包括北陆方言、近畿方言、中国方言、云伯方言、四国方言；九州方言包括丰日方言、肥筑方言、萨隅方言，琉球方言主要分为奄美方言、冲绳方言、先岛方言。

封建幕府统治时，人们被严格地划分为士、农、工、商四民身份，除此以外，还有公卿、神级、僧侣、学者、贱民等特别身份，每个人都有自己所处的固定阶层位置。武士作为四民等级制度中的最上层阶级，使用武家①用语，这种语言变体作为辨识手段之一，具有身份象征的价值和作用，是武士同其他阶层的显性区分标志。

理论上，语言及其变体都是有规则的交际系统，本质上拥有潜在的平等性，皆为交换思想、交流信息的工具。但现实中，因成熟状态和行使的语言功能差异而存在权势关系。"权势"一词最初由社会心理学家布朗（Brown）引入社会语言学研究（白解红，2000）。在权势关系中，社会地位低的方言称为"低势方言"，社会地位高的方言称为"高势方言"。从低势方言到高势方言，往往形成台阶式的系列，处于台阶最高端的方言称为"权威方言"（李宇明，2010）。这种权势变量，在不同的历史条件下，有时会因政治、经济、文化、宗教等要素的影响发生变化。

三、日本地域方言权威性的转向发展

（一）京都方言转向东京方言

平安时代（794 年至 1185 年）以前，日本主要以奈良盆地为中心的"大和语"作为"中央语"② 进行交流沟通。平安时代以后，逐渐形成以京都为首的政治、经济、文化中心。政治上，794 年桓武天皇将都城从奈良迁至京都，国家机关也随之发生中心地点的变更。经济上，繁荣于镰仓时代（1185 年至 1333 年），兴盛于室町时代（1336 年至 1573 年）。室町初期，京都酒家数量已超过三百，形成繁荣的商业街区，构成一派欣欣向荣的商业景象（龟井孝、大藤时彦、三田俊雄，2007）。文化上，德川家纲实施文治政策，元禄年间（1688 年至 1704 年）町人③文化繁荣，出现了大量使用"上方方言"④ 的语言文化作品，如井原西鹤的小说《浮世草子》，近松门左卫门的歌舞伎、净琉璃⑤。尤其是这一时期，净琉璃作为国民戏剧在全国各地上演，带动了上方方言的广泛传播。新型中央语的京都方言取代了旧势力的奈良方言，并延续了中央语与地方语的对立状况，形成鄙视其他地方语的风潮（郭阳阳，2012）。

长久以来，京都方言一直被视为语言标准，是外国人学习日语时的典范。1542 年，葡萄牙船只漂流到日本九州丰后地区，揭开了日本与西方交流的历史篇章。为了方便向日本人布教，西方人编著了许多日语学习书籍，如《日葡辞典》《日本大文典》《日本小文典》等，这些资料大多是以京都方言为标准参照撰写的。但随着历史推进，国家中心转移，京都方言享有标准威望的传统局面被打破。

1590 年 7 月在小田原之战中德川家康取得胜利，丰臣秀吉论功行赏，将江户城作为封地赐予德川家康。其后德川家康进入江户，同年 9 月大部分德川家臣已完成移居关东地区的行动。刚入城时，江户仅仅是一个非常小的城镇，只有几百人口（龟井孝、大藤时彦、三田俊雄，2007）。1600 年，德川家康又在关原之战中获胜，三年后，德川家康被任命为征夷大将军，于江户开设幕府。德川家康大兴土木，开山填海，改造城邦，至江户初期的一百年间，经过四次规

---

① 武家指武士系统的家族、人物。
② 中央语指政治、文化中心使用的语言，与标准语、共通语不完全一致。
③ 町人指工商阶层。
④ 指以京都、大阪为中心的地区方言。
⑤ 歌舞伎、净琉璃与能乐共为日本三大古典戏剧。

模性扩建，江户成为了一个繁华的大都市，吸引了农村和附近地区的居民前来观光。

江户人口由原来的数百激增至百万，有的出于政治原因规模性迁入，有的出于经济原因云集开铺，其中主要包括三河、骏河、远江等地德川家康麾下的武士，京都、大阪等地的商人和手工业者，小田原等江户附近移居的民众。这时期的江户方言是以三河、骏河等地的东海方言，京都、大阪等地的上方方言，关东附近的东国方言为基础，融合各地方言形成的语言变体。

"参勤交代"① 制度，促使大名②及其家臣定期往返于本藩国和江户之间，18 世纪初，以江户为中心的交通网，陆路有五条干线，海路有四条（王文勋、张文颖，2014）。交通的顺畅，人口的流动，使得江户方言较为顺利地传播至其他各藩国。商业发展促进町人文学的发达，江户方言伴随着江户文化一起成长壮大，宝历年间（1751 年至 1764 年），洒落本③中还存有上方方言的表述特征，天保（1830 年至 1844 年）以后，人情本④中则完全采用独立的江户方言表达（真田信治，2000）。

江户中期，江户方言已抢占部分语言空间，同上方方言形成二元对立。江户末期，上方方言语言空间萎缩，除上方地区周围、西航路港口外，两者已相差甚远，江户方言优势凸显。18 世纪末的《屠龙工随笔》指出，"京都以前拥有皇宫时，是诸国人士的聚集地，其语言作为'中央语'。但现今并非如此……已不再被视为'中央语'（真田信治，2000）。"

与此相应，学习了解江户方言的书籍大量问世，如《浜荻》（1767）对比了江户方言和庄内方言，《御国通辞》（1790）对比了江户方言和盛冈方言，《方言达用抄》（1827）对比了江户方言和仙台方言。另外，《物类称呼》（1775）收集了约 4000 个方言词，与江

户方言进行比较。语言习得中的强势取向，进一步说明了江户方言已占据共通语地位。

1868 年，"江户"改称"东京"。以江户方言为基石的东京方言，在去除上方方言等西日本方言的语言特征后，完善自身特色，扩展自身强势影响力，拥有了其他地域方言无可比拟的崇高权威。

（二）权威地域方言的确立

1868 年，日本进入明治时代，国家转型期总是充满着激烈动荡的社会变革，而社会变革常与语言变革相互作用，语言问题成为讨论的前沿阵地。民众间互动频繁，多语环境下，语言接触愈发加剧语言矛盾，自下而上有关标准语的规划意见层出不穷，教育等关键领域对标准语的期待愈发强烈。1901 年，宫城县小学负责人增户鹤吉在《小学校国语教授法》中表示，"在教育领域选定标准语乃十分必要之事，寄望政府规划实施（水原明人，1994）。"

对于标准语基础方言的地域变体择选问题，三宅米吉讨论出三种可选对象。一是以"雅言"⑤为基准，统一各地方言；二是以现代语为基础，即以京都方言或东京方言为基准；三是进行全国范围内的方言调查，以使用者数量最多的语言变体为基准。但随后又指出，这些方法均难以实现，认为随着彼此间交流加深，在语言接触的过程中自然统一当为最佳（吉田澄夫、井之口有一，1964）。

保科孝一（1902）总结了两种选择途径，即在仔细调查全国方言的基础上，综合确立语音、词汇、语法标准；在全国方言中，选择最纯正的方言或最有影响力的方言，对其进行人为规范，确定语音、词汇、语法标准。保科孝一表示后者具有可操作性，认为与较纯正的京都方言相比，东京方言权势地位较高，具

---

① 1635 年起法制化，是控制大名的一种制度。各藩大名需在江户执行一段时间的政务，然后返回本藩执行一段时间的政务，外样大名为期约一年，关东普代大名约半年。
② 大名是日本古代封建制度下对地方领主的称呼。
③ 洒落本是江户中后期的一种小说形式，主要描写妓院生活。
④ 人情本是江户后期至明治初期的一种小说形式，主要描写市民的爱情故事。
⑤ 平安时期的古语。

备自然统一倾向。

当时持以东京方言为基本参照的论调具有绝对优势。渡边修次郎认为，"没有必要讨论哪里的语言更好，以最为通用的东京方言为基础，进行语言统一设计方为良策（山口仲美，2013）。"松下大三郎也认为，"东京中流阶层使用的语言最为通行，如以此作为标准语，代表我们的口语，应该不难实现（川口良、角田史幸，2010）。"金井保三指出，"以东京方言为标准，伴随着交通和国民教育的进步发展，东京方言是最有势力、最上等的语言，更加会成为扩展至全国的语言（水原明人，1994）。"此外，岛野静一郎、西屯贞、冈野久胤等也倡导以东京方言统一日本国内的语言。

语言是社会形成和关系维系的重要工具之一，多语社会中，构建一种超方言的语言体系，对于保障社会顺利运行具有重要现实意义。这种超方言体系首先要有一定的标准，应选择权势地位高的语言或语言变体，以保障其在社会生活中充分发挥语言职能效用。关于标准语基础地域方言选择问题，当时学者的主要意见可以概括为：雅言观、零干预观、择众观、整合观、京都方言中心观、东京方言中心观。

"雅言观"中的语言变体与社会现实使用的口语距离相隔甚远，不符合现实生活所需，难以教育普及。"零干预观"认为语言在自然接触过程中，融合为统一的语言，这个过程漫长且结果多变，与当时快速推进近代化的日本社会不相适应。"择众观"强调开展全国范围内的语言调查，从使用人数确定标准，这种方式虽然公平，但不能兼顾效率，不能保证该语言变体一定是权势地位高、广泛运用于关键场域并成为民众模仿学习的对象。"整合观"主张开展全国范围内的语言调查，综合确立语言体系标准，这种方式过于理想化，是复杂问题简单化的一种处理方式，在操作层面上较难实现，尤其是词汇、语法规范标准，难以在短时日内确立完成。"京都方言中心观"的问

题是，传统纯正的京都方言在使用地区和范围上甚为狭窄，且京都已不再是国家中心，政治、经济、文化上的优势远不及东京。"东京方言中心观"的优势是，东京是日本国家政治机关所在地，是经济中心和重要枢纽城市。上田万年曾阐述过标准语资格的三要素，即流通最广、影响力强劲、广泛用于文学作品（上田万年，1916）。相比其他地域方言，东京方言更具备良好的语言使用基础，是人们语言意识中效仿学习的对象。"东京方言中心观"最易被广大言语社区民众所接受，是最现实合理的语言规划观。

1880 年，教科书《冲绳对话》中，介绍了东京方言已在全国多县通行。1885 年 6 月 30 日，自由党机关杂志《自由灯》刊载了《东京语通用》，"日常通用语中，哪个地方方言最广为通行，答曰'东京方言'（山本正秀，1965）。"《和英语林集成》第 2 版序言中提及，"首府、天皇、文化人士居住地的京都方言被视为最权威的标准语，其他方言充斥着地方口音和野蛮之感（J. C. ヘボン，1872）。"但在其第 3 版中指明，"王政复古后，迁都至东京，东京方言占据优势地位（J. C. ヘボン，1886）。"

1962 年，明治神宫崇敬会纪念明治天皇的座谈会上，记录了 15 岁前一直生活于京都的明治天皇，虽其母言①为京都方言，但在日常生活表达时，使用东京方言时比较大声，使用京都方言时比较小声（冈本雅享，2009）。山田美妙的《夏立木》等著名文学作品多使用东京方言撰写。双言格局中，东京方言的权威地位得以确立，以东京方言为基础的标准语登上了历史舞台。

东京是中央政府所在地，东京方言是公认的行政、教育、媒体、服务等重要领域和公共生活空间的便利语言，权势凌驾于其他地域方言之上，最大限度保障了以东京方言为基础的标准语发展成为全国性语言。这种将权威地域方言作为基础方言的抉择，是具有可行性和科学性的语言规划行为。

---

① 有关母语与母言的关系，详见李宇明《论母语》，《世界汉语教学》2003 年第 1 期。

四、日本社会方言权威性的沿革发展

（一）山手方言和下町方言

1590 年 8 月，德川家康入驻江户，三河、骏河、远江、甲斐地区的武士也随之而来。参勤交代制度，使得每年全国半数左右的大名及其家臣、家族居住在江户，这些武士的府邸大多位于山手地区，以山手地区为中心形成了武家社会。1603 年，江户时代序幕拉开，新江户城建造时，以日本桥为中心建造了工商业中心地带，形成了商人和手工业者的聚居地，即下町地区。以京都、大阪为首，近江、纪州、摄州、野州、相州、房州、上州、常州、上综、下综、甲州、信州等地的富甲商人和手工业者纷纷云集于此。享保年间（1716 年至 1736 年），江户人口已达 130 万人，其中武士 65 万人，町人 60 万人，两类群体数量差距不大，但武士阶层的崇高地位和优越性清晰可见。就阶层用地来看，宽文年间（1661 年至 1672 年），江户总面积为 63.42 平方公里，其中武家用地为 43.66 平方公里，占 69%；町人用地为 6.75 平方公里，仅占 11%（杉本つとむ，2014）。

阶层的差异在社会方言中也得以体现。从微观层面来看，语音方面，町人社群使用"エ（e）"长音①的阶层特色语音形式，武士社群则不使用。词汇方面，仮名垣鲁文的《安愚乐锅》中，武士社群使用的汉语词汇数量约为町人社群的两倍（飞田良文，1978）。语法方面，福泽谕吉的《旧藩情》中，在表达命令形的"去"时，武士社群使用"いきなさい"形式，町人社群则使用"いきなはい/いきない"形式（安田敏郎，2006）。

语言及其变体本有权势高低之别，边缘语言使用者向中心语言使用者靠近，中心语言使用者向核心语言使用者靠近，江户时期的中、上流町人社群，会将权势较高的山手地区武家用语作为公共商业社交语使用。幕府末期的天保年间，武家用语已在一般町人中普及传播，民众在正式场合也会使用这种语言形式（水原明人，1994）。

明治初期的文人学士除了熟知自己的地域方言外，最广泛理解的就是山手地区上流武家和上流町人的语言（水原明人，1994）。山手方言较其他社会方言已具有更为深厚的群众基础，对当时整个社会的交流模式和语言结构都产生了深刻影响。

（二）权威社会方言的确立

明治 10 年左右，日本兴起言文一致运动。言文一致运动将"言"和"文"弥合一致作为基本目标，统一"言"是基础，改良"文"是途径。这一时期，知名作家如坪内逍遥、尾崎红叶等身体力行，将广泛理解的、经过人工改良的东京山手方言作为载体，力求实现文体改革，推动文学平民化的同时，也带动了这种文学语言的广泛传播，进一步推进了"言"的统一。

"言文一致"最初由神田孝平在《读文章论》中使用。山田美妙最初在《嘲戒小说天狗》中便有意地采用口语体书写。此后，二叶亭四迷的《浮云》等文学作品出版，文坛正式掀起了言文一致热潮。1905 年，78% 的小说作品采用言文一致体，1908 年达到 100%（山本正秀，1965）。

文字处理技术的发展，促使以语言文字为依托的文学作品、报刊杂志等得以普及延伸，文字化的山手方言也随之被大量复制、传播。夏目漱石的《虞美人草》于《朝日新闻》连载，1907 年《大阪朝日》《东京朝日》的发行量近 22 万份，1916 年《明暗》的发行量近 43 万份（小川荣一，2007）。这便创造出大批山手方言的阅读群体。

文艺作品有助于帮助语言的统一。印刷者主要受商业利益驱使，更关心的是为某一作品寻求更大的市场，因此不会通过改变语体以适应方言差异（苏·赖

---

① ite→e，如おもしろい→おもしれー；すごい→すげー。

特，2012）。文艺作品中的语言形式纵向渗透至整个社会，深深地植根于人们的语言意识中，一定程度上限制着此后标准语的规范架构，刺激着标准语的成长。强势文学典范单向流通并传遍全国，民众对此普遍认可且努力响应，这使得语言变体的权威性得以进一步巩固和加强。

1900 年，作为一项国民运动，帝国教育会内部成立了"言文一致会"。该组织设定了两个工作目标，一是向两院提出"言文一致请愿书"，设置"国语调查委员会"；二是向全国联合教育会提出学校教科书采用言文一致体的建议，国定教科书①国语读本采用口语体。

1902 年 3 月 24 日，实现了设置"国语调查委员会"的目标。作为文部大臣咨询机构，国语调查委员会主要从事基础数据调查工作。该委员会于 7 月 4 日发表了《国语调查委员会决议事项》，其中所决定的事项之一便是开展针对标准语选定问题的方言调查。这种调查并非客观调查语言现状，从中选取共通之处，而是暗含着特定的诱导性，伴有执行既定路线的意味。保科孝一（1902）表示，"这是为了对东京方言进行改良，实施全国范围内的方言调查，从而断定其优劣。"主导此次调查的上田万年（1916）认为，"标准语的选定基础必须是中庸。过于文雅、粗俗、特殊的语言，都必须尽量避免。因此，符合条件的语言，应为有教养的中流阶层的语言。"

上田万年指出，标准语要想站稳脚跟，就必须成为能够用于写作的语言（真田信治，2002）。1903 年，第 1 回国定教科书《寻常小学读本》采用了东京中流社会②用语书写的文言一致的文章，翌年起，全国范围内开始使用该教科书。1910 年，第 2 回国定教科书《寻常小学读本》之时，所有学校教材均付诸语言规划实践，采用标准口语体。

语法书对于语言规范起到重要作用。1901 年至大

正期间，出现了众多口语词典。1903 年，日本开展全国范围的方言调查，1906 年完成《口语法调查报告书》，以此报告书为基础，形成现行语法规范的重要成果《口语法》和《口语法别记》。《口语法》是明治 30 年代口语文典的集大成者，是日本国家机关首次规范的口语标准，以书面的形式记录了标准语规则。《口语法》专门统合整理了诉诸于声音的语言即口语形式，列举了现行主要语法规范，其目的是形成最初的标准语语法形式（森冈健二，1991）。

《口语法别记》以《口语法调查报告书》的共时研究，以及从"记纪文学"③ 开始的 166 册古典文献的历时研究为参考，描写了各地口语差异和八九百年间的语体变迁。大槻文彦在序言中指出，"以东京有教养的人使用的语言为基础，确定通行全国的标准，这便是本书记载的口语法（国语调查委员会，1917）。"1920 年后，主要报纸如《东京日日新闻》《读卖新闻》《朝日新闻》等，也相继采用了标准口语体。1946 年，所有国家公文也改为了标准口语体。

五、标准语确立的科学性

1903 年，第 1 回国定教科书《寻常小学读本》明确规定标准语的定义，即有教养的东京人使用的口语，但随后补充为东京山手地区中流家庭使用的语言（冈本雅享，2009）。在这一定义中，充分体现出权威地域方言即东京方言和权威社会方言即山手方言的重要价值，这种集合体作为标准语确立的基础参照，代表着语言发展趋势。将东京山手地区中流家庭使用的语言作为标准语确立的基础，是符合标准语规范建设的科学规律。

各个国家在标准语确立过程中，都积极遵循标准语规范建设的科学规律，如我国普通话以北京音和典

---

① 国定教科书制度：日本于 1903 年 4 月修改的《小学校令》规定，文部省拥有小学教科书著作权，小学教科书须由文部省编写，所有小学须使用此版教科书。
② 中流社会指中产阶级群体。
③ 《古事记》成书于公元 712 年，《日本书纪》成书于公元 720 年。两者合称为"记纪"。

型现代白话文著作为基础；标准朝鲜语以现代汉城中流社会群体的语音为基础；标准俄语以莫斯科话为代表的库尔斯克—奥勒尔方言中有影响的小戏院发音为基础；标准法语以巴黎话为代表的法兰西岛方言中社会权威群体的巴黎音为基础；标准英语以南部方言基础上的全国受过正规教育的上层社会群体的发音为基础；标准意大利语以托斯卡纳地区的但丁、彼特拉克、薄伽丘等文学范本语音为基础（李宇明，2005）。

各国的基本国情不同，标准语的确立也有所差异，并不存在一个普适的规划模式，但是有些原则是值得参考和遵循的。理想化的标准语确立时，只考虑权威地域方言往往是不够的，还需要考虑权威社会方言的因素，以某一有影响力的社会阶层的语言变体为参照。正如李宇明（2005）指出的，"语言规范采用的基本上都是，权威地域方言加权威社会方言的复合参照系。"

此外，需要进一步明确，权威社会方言在语言规范中占有重要地位，甚至可能比权威地域方言的权重更高，常常制约着权威地域方言，甚至有时权威地域方言因权威社会方言的制约，而发生地点的转移。有些国家并未将首都地区的地域方言作为基础方言，如标准意大利语并非以首都罗马话为基础，而是以文艺复兴时期大文豪采用的托斯卡纳地域方言书写的典范作品为基础，形成了现代标准语言形式。

六、结论

人们愿意学习使用标准语言形式，这并非偶然事件，是有其特定原因的，因为标准语的价值大、社会效用高，在不同领域和地域的使用情况都更为理想，对民众的社会生活能够产生较大影响。标准语使用者往往比非标准语使用者拥有更高的社会评价和更大的资源优势。同时，也利于实现误解最小化和交际效率最大化（苏·赖特，2012）。国家实施标准语规划时，倾向选择一种本土方言作为语言规范化的基础方言。日本选择以东京山手地区有教养阶层的语言变体作为

基础方言，这一基础方言，既具备权威的地域方言性，也具备权威的社会方言性，符合语言规范的一般规律。

参考文献

［1］白解红：《性别语言文化与语用研究》，湖南教育出版社 2000 年版。

［2］郭阳阳：《方言和标准语在音韵上的对立与变化》，山西大学硕士学位论文，2012 年。

［3］韩涛：《日本的语言政策演变路径研究》，《日本问题研究》2016 年第 2 期。

［4］李宇明：《权威方言在语言规范中的地位（补）》，《语言文字应用》2005 年第 3 期。

［5］李宇明：《权威方言在语言规范中的地位》，《中国语言规划论》，商务印书馆 2010 年版。

［6］王文勋、张文颖：《日本明治维新时期的舆论研究》，中国传媒大学出版社 2014 年版。

［7］和久井生一：《現代日本語要説》，朝仓书店 1989 年版。

［8］安田敏郎：《「国語」の近代史》，中央公论新社 2006 年版。

［9］保科孝一：《言語学》，早稻田大学出版部 1902 年版。

［10］川口良、角田史幸：《「国語」という呪縛》，吉川弘文馆 2010 年版。

［11］飞田良文：《明治初期東京人の階層と語種との関係：安愚楽鍋を中心として》，《国立国語研究所学術情報リポジトリ研究報告集》1978 年第 3 期。

［12］冈本雅享：《言語不通の列島から単一言語発言への軌跡》，《福冈县立大学人間社会学部紀要》2009 年第 2 期。

［13］龟井孝、大藤时彦、三田俊雄：《日本語の歴史 5》，平凡社 2007 年版。

［14］国语调查委员会：《口語法別記》，国定教科书共同贩売所 1917 年版。

［15］吉田澄夫、井之口有一：《明治以降国語問題論集》，风间书房 1964 年版。

［16］森冈健二：《近代語の成立——文体編》，明治书院 1991 年版。

［17］山本正秀：《近代文体発生の史的研究》，岩波书店 1965 年版。

［18］山本正秀：《近代文体形成史料集成・発生編》，岩波书店 1965 年版。

［19］山口仲美：《日本語の歴史》，岩波书店 2013 年版。

[20] 杉本つとむ：《東京語の歴史》，讲谈社 2014 年版。

[21] 上田万年：《国語学の十講》，通俗大学会第 1916 年版。

[22] 水原明人：《神戸語・東京語・標準語》，讲谈社 1994 年版。

[23] 苏・赖特著，陈新仁译：《语言政策与语言规划：从民族主义到全球化》，商务印书馆 2012 年版。

[24] 小川荣一：《漱石作品における標準語法の採用》，《武藏大学人文学会杂志》2007 年第 1 期。

[25] 邢镇义：《近代日本の「国語」概念の成立と文法—所謂三大文法家の言語観を中心に》，《日本近代学研究》2014 年第 11 期。

[26] 真田信治：《脱・標準語の時代》，小学馆 2000 年版。

[27] J. C. ヘボン：《和英語林集成（第二版）》，美华书院 1872 年版。

[28] J. C. ヘボン：《和英語林集成（第三版）》，丸善商社书店 1886 年版。

Study on the Japanese Standard Language Planning

Wand Lu

（School of Foreign Languages of Xinxiang Medical University，Institute for Chinese Language Policies and Standards of Beijing Language and Culture University）

Abstract：This paper reviews the historical development of the authority of regional dialects and social dialects in Japan. It is argued that it's more scientific and reasonable for Japan to use authoritative regional and social language variants as the basic dialect for standard language planning，and it also sets a successful example for standard language planning in other countries. Authoritative social dialects have more influence on standard language planning than authoritative regional dialects. These understandings provide rich theoretical support and practical value for understanding the definition and connotation of Japanese standard language and for the planning and construction of national standard language.

Key words：language planning；standard language；basic dialect；regional dialects；social dialects

作者简介

王璐，河南省新乡医学院外语学院讲师，北京语言大学中国语言文字规范标准研究中心兼职研究人员，文学博士。主要研究方向：语言政策与语言规划。

（学术编辑 李桂梅）

应急语言服务研究

美国突发公共事件应急语言服务实践及启示

李宝贵　辽宁师范大学国际教育学院/北京语言大学汉语国际教育研究院

史官圣　浙江师范大学国际文化与教育学院

[摘　要]　美国是自然灾害、事故灾难等突发公共事件频发的国家。在多次突发公共事件发生的过程中，美国不断践行突发公共事件的应急语言服务实践。文章从法律制度、响应机制、人才队伍、服务手段四个维度阐释美国的应急语言服务实践，并提出对增强我国突发事件应急语言服务能力的四点启示：构建权责明晰、科学完善的国家突发事件应急语言服务法律法规；建立及时高效、主动响应的国家突发事件应急语言服务响应机制；搭建阶梯化、职业化的国家突发事件应急语言服务人才队伍；打造智慧化、现代化的国家突发事件应急语言服务手段。

[关键词]　美国；突发公共事件；应急语言服务；实践；启示

一、引言

突发公共事件应急语言服务主要是指在国家突发公共卫生事件、自然灾害、事故灾难和社会安全事件后，国家相关机构和部门及时高效地提供语言传播、语言翻译、语言抚慰等应急语言服务，从而提高灾难应急处理能力，减轻灾难带来的损失和危害。美国是自然灾害、事故灾难等突发公共事件频发的国家。就自然灾害来说，山火、洪水、飓风常常肆虐美国，据统计，美国 2017 年自然灾害损失竟高达 3060 亿美元①。在多次突发公共事件发生的过程中，美国不断践行突发公共事件的应急语言服务实践。

语言是抗灾减灾的基础性因素，语言减灾是重大灾难治理的有效途径之一。国内多位学者对美国的应急语言服务建设进行了研究。张天伟（2016）对美国国家语言服务团进行了分析，指出美国国家语言服务团项目是反映美国"语言研究要为国家服务"和应急语言服务的典型案例，具有由国家主导、语种多、质量高、兼顾个人素养提升等特点。滕延江（2018）对美国国家语言服务团项目和急救中心紧急医疗救助语言服务项目进行了研究，指出美国紧急语言服务项目的经验探索提供了国家紧急语言服务的新思路，协调、整合社会资源，是政府（机构）购买公共服务的典范。但目前国内针对美国国内突发公共事件应急语言服务的研究仍鲜有人论及。

---

① 环球网：震惊！美国 2017 年自然灾害损失竟高达 3060 亿美元 .（2018－01－10）［2020－03－01］. https：//tech. huanqiu. com/article/9CaKrnK6irO.

美国联邦应急管理局提供的突发公共事件应急语言服务与美国国家语言服务团、美国急救中心紧急医疗救助语言服务项目在服务对象和服务范围等方面有所不同。首先，美国国家语言服务团是美国国家安全教育项目（National Security Education Program）九个项目规划中的一个项目，其管理机构是美国国防部，主要工作任务是维护国家安全，为政府的应急任务提供语言短期服务，主要服务对象为美军司令部和其他军方机构（2016 年联邦法规规定服务团除为国防部工作以外，还需支持美国其他政府部门和机构）。因此，其将阿拉伯语、印地语、朝鲜语、俄语等可能对美国国家安全构成威胁的语言定义为高需求的重点语言。而美国联邦应急管理局隶属于美国国土安全部，其主要任务是为美国国内发生的自然灾害、紧急事故和突发性事件等紧急情况提供应急语言服务，服务对象主要是美国国内的英语水平有限人群（Limited English Proficiency）或听力障碍者，因此其将美国境内移民使用较多的西班牙语、阿拉伯语、柬埔寨语、汉语等语言列为主要服务语言。其次，美国联邦应急管理局提供的应急语言服务涉及突发事件的预警、响应、救援和恢复等各个阶段，而急救中心紧急医疗救助语言服务项目的应急语言服务主要在医院紧急救援的情况下提供，两者在服务范围方面有所不同。

二、美国国家突发事件应急语言服务实践

美国是一个移民国家，国内语言使用丰富多样。据美国人口统计局统计，2013 年在美国家庭中就至少有 350 种语言被使用，有 2510 万人属于英语水平有限人群，约占美国总人口的 8%（Scamman，2018），美国还有 3500 万人群听力受损，约占美国总人口的 11.8%[①]。此外，在 1989 年洛马普里塔（Loma Prieta）地震、1995 年北岭（Northridge）地震、2005

年的卡特琳娜（Katrina）和丽塔（Rita）飓风、2007 年的南加利福尼亚州山火等美国的灾难中均显示出语言障碍使英语水平有限人群在应对灾难的各个阶段都面临着严峻的挑战。（Purtle et al.，2011）复杂多样的语言国情和频发严重的灾难事件不断催生美国加强应急语言服务。下文将从美国国家突发事件应急语言服务的法律制度、响应机制、人才队伍、服务手段四个维度进行分析。

（一）美国国家突发事件应急语言服务的法律制度

美国是日本、英国、新西兰、爱尔兰等西方五个突发公共事件频发国家中唯一设有专门应急语言法案的国家。（O'Brien et al.，2018）美国应急语言法的诞生经历了一个逐步发展的过程。1964 年的《民权法案》是美国建立突发事件应急语言服务法律制度的基础。《民权法案》第 601 条规定："在任何接受联邦财政资助的项目中，任何美国人均不得基于种族、肤色或国籍而被剥夺其利益。"[②] 2006 年《"卡特琳娜"飓风应急管理改革法》首次提出严禁在灾难救助中被救助者因英语水平和身体伤残程度而受到歧视，并进而要求联邦应急管理局通过与联邦政府和州政府合作需确定美国的英语水平有限人群，并将英语水平有限人群纳入紧急事件救援计划之中，确保英语水平有限人群和身体伤残人群能够理解灾难有关信息。（U. S. Department of the Interior，2006）2016 年，联邦应急管理局出台了专项应急语言法——《语言权利法案》（Language Access Plan），来确保无论受突发事件影响的人群的英语水平和沟通能力如何，任何人都能够获得关键的、可理解的灾难救助信息（FEMA，2016b）。

美国国家突发事件应急语言服务的法律制度具有如下特点：

① Hear-it: 35 million Americans suffering from hearing loss. ［2020-03-20］. https: //www. hear-it. org/35-million-Americans-suffering-from-hearing-loss.

② Wikipedia: Civil Rights Act of 1964. ［2020-03-28］, https: //en. wikipedia. org/wiki/Civil_ Rights_ Act_ of_ 1964#Title_ VI% E2% 80% 94nondiscrimination_ in_ federally_ assisted_ programs.

一是明确执行应急语言服务的主体机构和服务部门。《语言权利法案》明确指出联邦应急管理局下设的权利平等办公室（Office of Equal Rights）是该法案的主要执行和监督机构，具有直接管辖权。外部事务办公室（Office of External Affairs）负责确定具体的应急语言需求、制定综合的应急服务计划，并提供多种方式的应急语言服务。响应恢复办公室（Office of Response and Recovery）负责雇佣事件现场双语工作人员、灾难恢复中心和救助登记的翻译服务等突发事件现场的应急语言救助。同时应急语言服务还涉及个人救助办公室（Individual Assistance）、公共救助办公室（Public Assistance）、国家信息处理服务中心（National Processing Service Centers）、美国消防学院（United States Fire Academy）、国家洪水保险计划办公室（National Flood Insurance Program）、资助项目管理局（Grant Programs Directorate）等联邦应急管理局的全部职能部门。

二是总结了实际有效的应急语言服务经典案例。《语言权利法案》充分采用了美国各地成功的应急语言服务实际经验，例如 2012 年飓风桑迪灾害期间的应急语言服务的成功做法被纳入《语言权利法案》的雇员培训板块之中，从而提高其工作人员的服务水平。

三是建立评估和监督机制。2010 年美国政府问责办公室（Government Accountability Office）根据克林顿总统签发的 13166 号行政命令依法对联邦应急管理局的应急语言服务进行了评估调查。政府问责办公室提出了四项评估标准：是否制定提供语言服务的战略规划、语言需求评估是否准确、应急语言服务是否到位、监管措施是否有效。评估结果为，联邦应急管理局在评估语言需求和提供语言服务方面实施良好，而在战略规划制定和有效的监管措施方面存在不足，进而提出了具体的改进方案。（Government Accountability Office，2010）

（二）美国国家突发事件应急语言服务的响应机制

美国设立了"语言评估——应急响应——灾后评价"为核心的三级应急语言响应机制。

一是语言评估。在所有国家突发事件发生后，联邦应急管理局在提供应急语言服务之前，需要根据要求进行初步的语言评估。联邦应急管理局将会综合参考如下信息制定出初步的应急语言方案：（1）美国国家统计局提供的事件发生地的人口数据；（2）国家信息处理服务中心确认的申请灾难援助的个人最常使用的语言；（3）当地的受教育程度和贫困程度；（4）公共事件频发地区过往的历史数据；（5）其他联邦和州机构以及翻译行业从业人员的实际做法。如 2016 年美国路易斯安那州暴发洪水灾害，路易斯安那州语言使用情况复杂，据估计，在联邦认定的 35 个受灾区中有 7 万多居民使用英语以外的语言，美国联邦应急管理局根据最新的人口普查数据迅速将西班牙语、法语、汉语和越南语指定为灾难救助中主要服务语言，提供应急语言服务。（FEMA，2016a）

二是应急响应。联邦应急管理局根据语言评估及时启动应急语言服务响应机制。外部事务办公室和响应恢复办公室将会根据语言评估信息提供书面翻译、口语翻译和手语翻译等语言翻译服务，并制定其他形式的沟通辅助策略。主要的应急语言服务方式包括：翻译多语种的突发事件报道新闻稿，翻译多语种的救援手册、宣传单和受灾登记材料，维护并翻译多语种的网站信息；灾难幸存者援助团（Disaster Survivor Assistance Teams）、房屋检查员提供灾难救援现场的语言口译和手语服务。灾难幸存者援助团人员须随身携带"I SPEAK"语言救助卡和应急呼叫中心的电话号码，以便在救援现场及时高效地提供应急语言服务，提高救援效率；应急呼叫中心提供语言口译服务和为听力障碍者提供文字电话热线；在灾难恢复中心（Disaster Recovery Centers）提供语言口译和手语服务；进行多语种的媒体采访，为新闻发布会提供多语种的口译服务和手语服务等。

三是灾后评价。联邦应急管理局将会通过灾后救援报告、社区问卷调查、国家信息处理服务中心和社区特别工作组等方式对应急语言服务的质量进行评价与分析。此外，权利平等办公室至少每两年都会对联邦应急管理局整体应急语言服务的效果进行审查，以保障应急语言服务的质量。

（三）美国国家突发事件应急语言服务的人才队伍建设

加强应急语言服务人才队伍建设是提高应急语言服务水平的关键环节。美国国家突发事件应急语言人才队伍建设具有以下两个主要特点。

其一，建立了三级人才梯队储备机制。联邦应急管理局应急语言人才队伍由以下三部分组成：正式员工、后备员工和当地志愿者。正式员工主要负责机构的日常业务，但在突发事件发生后也需要到事发现场进行工作。后备员工的语言能力会自动记录在管理局的员工人才数据库中，当正式员工的数量或语言能力难以满足应急需求时，后备员工将会被委派到应急语言人才队伍当中。当正式员工和后备员工都无法满足应急需求时，联邦应急管理局将雇佣突发事件发生地区的当地志愿者来满足应急需要。当地志愿者既具有相应的语言能力，又了解灾区情况，同时也与当地社区建立了良好的人际关系（Government Accountability Office，2010），为补充美国应急语言人才队伍发挥了重要作用。此外，当上述三类人才都无法满足应急语言需求时，联邦应急管理局还可通过社会语言服务公司为受灾民众提供语言翻译服务。联邦应急管理局与三家国家语言服务公司签订了一揽子购买协议，可提供超过 300 种语言的翻译服务，同时也为残障人士准备了手语、书面语转录等服务。（FEMA，2016b）三种互为补充、阶梯式的人才储备机制有效地保障了应急服务人才队伍的充足，也保障了公众对应急语言的多样化需求。

其二，建立了严格的培训和考核机制。美国政府把"能力"作为建构应急管理体系的一个核心术语（游志斌、薛澜，2015），因此美国建立了严格的应急语言人才队伍培训和考核机制。每位提供应急语言服务的员工都需要经过专业的选拔和培训。每两年联邦

应急管理局会对所有雇员进行强制性的应急语言服务课程培训。灾难救助雇员（Disaster Assistance Employees）会接受特殊的语言技能以适应实际应急需要。从 2011 年开始，联邦应急管理局设立英语能力有限人群领域的专家职位和新的员工考核体系。每位事故管理职位的雇员都需要接受管理局现有员工小组和项目专家的评估，英语能力有限人群领域的专家也将会根据后备人员的培训、经验和表现进行评估，决定其后备资格。此外，外部事务办公室每年会为后备人才提供两次专门针使英语水平有限人群而设计的沟通策略培训课程。

（四）美国国家突发事件应急语言服务的服务手段

美国国家突发事件应急语言服务在运用现代技术的服务手段方面主要分为以下几个类别。

第一，设立多语种的应急呼叫中心。该应急呼叫中心可以提供超过 50 种语言的应急语言和救援服务。如在 2012 年飓风桑迪期间，联邦应急管理局应急呼叫中心共受理了 53 种语言、总计 21554 次的应急语言服务。服务语言从使用较为广泛的西班牙语、俄语到使用较少的索马里语、豪萨语等语言。（FEMA，2016b）

第二，设立多语种应急信息网络服务平台。美国联邦应急管理局的官方网站是一个综合性的应急管理信息系统，涵盖预防、响应、恢复和减灾等应对突发事件不同阶段的信息，目前提供 20 个语种的版本，其中包括西班牙语、阿拉伯语、柬埔寨语、汉语、海地克里奥尔语、法语、印地语、意大利语、日语、韩语、老挝语、俄语、他加禄语、乌尔都语、越南语、希腊语、波兰语、泰语、葡萄牙语和美国手语。此外，美国联邦应急管理局也维护着多个应急语言服务网站，如多语种的应急准备网、灾难救援网、文件资源网等等。

第三，利用社交媒体平台。Facebook、Twitter 等社交媒体平台也是联邦应急管理局提供应急语言服务的重要渠道。随着青年群体在社交媒体中的活跃程度

越来越高，联邦应急管理局开始在 Facebook、Twitter 上使用英语和西班牙语双语发布应急信息。联邦应急管理局在 Facebook 上于 2016 年 3 月发布的 24 条多媒体消息中，有 7 条为西班牙语。3 月 31 日下午发布一条龙卷风警告时，就同时使用了英语和西班牙语两种语言。（陈艳红、钟佳清，2017）

第四，开发双语言移动应用程序。近年来，美国联邦应急管理局注意到智能手机终端在美国人民生活中的高占有量和频繁的使用频率，因此开发了英语和西班牙语双语言版本的联邦应急管理局手机应用程序，人们可以通过该应用程序获得警报提醒、应急准备、降低风险、拨打灾害报警电话等多种应急服务。

第五，开发和利用外语电视媒体。美国联邦应急管理局发布了西班牙语、越南语、韩语、日语、汉语和他加禄语的全国和各州的电视媒体供应商清单，可供市民在突发事件发生时获得多语种的应急信息。

三、对提升我国突发事件应急语言服务能力的启示

我国也是气象灾害、地质灾害等突发事件多发频发的国家。根据 2019 年发布的世界风险报告，我国的风险指数为 5.84，属于高度风险国家，仅次于最高等级的超高风险国家。（IFHV，2019）2019 年底暴发的新冠肺炎疫情——新中国成立以来在我国发生的传播速度最快、感染范围最广、防控难度最大的一次重大突发公共卫生事件，是对我国国家语言服务能力的一次重大考验，推进我国建设更加完善、系统、规范的应急语言服务体系显得尤为紧迫。美国突发公共事件的应急语言服务实践或许对强化我国的应急语言服务能力具有借鉴作用。

（一）构建权责明晰、科学完善的国家突发事件应急语言服务法律法规

近些年来，我国应急管理体系建设成果颇丰，国家突发事件的应急能力也在不断提升。2006 年，国家

出台了《国家突发公共事件总体应急预案》。2007 年，第十届全国人民代表大会常务委员会第二十九次会议通过了《中华人民共和国突发事件应对法》。2018 年，在习近平总书记提出国家总体安全观的背景下，应急管理部和国家卫生健康委员会应运而生，成为国家应对和处理重大灾害和突发卫生事件的首要职能部门。虽然目前我国的应急管理体系建设取得了诸多成果，但应急语言服务领域的法律法规体系建设仍需健全完善。

习近平总书记 2020 年在中央全面依法治国委员会第三次会议上指出："实践告诉我们，疫情防控越是到最吃劲的时候，越要坚持依法防控，在法治轨道上统筹推进各项防控工作。"可见，当下制定出台专项突发事件应急语言法律法规势在必行，可从以下几个方面着力。

一是执行主体应权责明晰、协同合作。我国的应急语言法应明确指出提供应急语言服务的主体负责机构，依法要求主体单位应按照法律制度履行职责、开展工作，使应急语言服务能够得到有效保障，同时又要尽可能地扩大服务主体，不同主体应协同高效、紧密合作，从而为被救助者提供多样、充足的服务供给，满足其应急语言需求。

二要注重将实践经验转化成制度化成果。21 世纪以来，我国成功应对了多起重大突发事件，汶川地震、青海玉树地震、新冠肺炎疫情中的成功应急语言服务和救助经验应该被转化成制度化成果，应用于今后的应急语言服务之中。

三要建立有效的评估问责机制。建立有效的评估问责机制有利于把制度优势转化为治理效能，充分释放法律制度的威力。相关职能单位应依法定期对应急语言服务执行主体所提供的服务进行监督、评估，提出具体改进意见并对执行不利者进行问责。

（二）建立及时高效、主动响应的国家突发事件应急语言服务响应机制

2019 年的新冠肺炎疫情是对国家治理体系和治理

能力的一次集中检验。我们应抓紧补短板、堵漏洞，加快完善国家突发事件应急语言响应体制机制建设，着力提高应对突发公共事件的能力和水平。

一是建立及时高效、主动响应的应急语言响应机制。以"语言评估——应急响应——灾后评价"为核心的三级应急语言响应机制在响应突发公共事件时具有一定的制度优势和合理性。主动进行评估预测有利于提高应急服务的及时性和精准性。专业高效的响应措施能及时为被救援者提供语言服务，可有效提升救援效率。灾后评价能存储经验与数据，反馈不足和缺陷，促进应急机制的质量提升。

二要注重应急语言需求评估与预测。主动预防优于被动应急止损（方寅，2019），同时坚持源头治理、关口前移也是我国突发事件应急体系建设"十三五"规划中的重要基本原则。一方面，应加强对我国语言生活情况的研究，摸清国内地区的真实语言情况，尤其是一些灾害频发地区和我国少数民族聚集地区的语言使用情况。另一方面，确定应急语言评估和预警体系的关键指标。在进行应急语言预测时，人口信息、当地人日常与政府办公人员沟通时使用的语言、受教育程度和贫困程度、机构此前的历史数据和其他机构的实际经验等数据都应该被纳入语言预测与评估框架之中，以提升应急语言服务的响应速度和执行效率。

（三）搭建阶梯化、职业化的国家突发事件应急语言服务人才队伍

突发公共事件具有突发性、复杂性、危害性和高度不确定性等特点，应构建一支阶梯化、职业化的优秀应急语言人才队伍。

第一，采用阶梯化、平战结合的人才队伍建设模式。在应急语言人才队伍建设方面，可采用正式员工、后备员工和当地志愿者的三级人才队伍储备模式。三级人才队伍建设模式比较适合紧急状态的突发性和阶段性特点。在日常状态下，正式员工可负责日常和一般突发事件的语言预警和应急语言工作。在紧急状态下，后备员工可随时补充应急语言人才不足的

缺口。同时当地志愿者精通当地语言，又了解当地情况，也是一支重要的应急语言补充力量。这种阶梯化、平战结合的人才储备模式既能有效地满足常态和应急状态下的语言需求，同时又可以合理节省机构的人员经费支出，体现经济性原则。

第二，打造一支职业化的应急语言人才队伍。高要求、高风险的应急救援需要应急队伍具备专业的应急语言知识储备和丰富的实际应急救援经验，这也凸显了构建一支职业化应急语言人才队伍的必要性。职业化的标志主要包括两个：一是职业群体的形成，应遵循一定的行为标准和职业准则，具有最基本的职业素养和经验；二是专业化的应急管理知识，即基于学术研究的应急知识。（王宏伟，2019）对此，一要加强应急语言人才行为标准和职业准则的建设，设计科学的人才考核和评估机制，完善定期培训体系，加强实际应急模拟演练训练，确保"战"时万无一失。二要加强应急语言能力培养。应急语言能力一般可分为应急外语能力、方言能力、少数民族语言能力、手语能力等，也可按照使用领域或行业分为应急医疗用语、航空用语、海事用语、网络用语等。（王辉，2020）因此，国家需根据不同语言（或方言）和不同的领域培养专业的应急语言人才。建议创建应急语言人才数据库，对应急语言人才队伍的语言能力和专业技能进行实时更新，便于突发事件发生时及时激活和调动相关人才资源，提供及时的应急服务。

（四）打造智慧化、现代化的国家突发事件应急语言服务手段

人类已经进入人与机器共处的时代。（李宇明，2017）智慧应急是利用物联网、大数据、云平台、有线网络以及各类应急救援技术等，为应急指挥救援提供完善的决策信息、良好的通信保障以及强有力的执行手段，实现应急预警、应急指挥救援等方面的智慧化管理。（李宇明、王海兰，2020）我们应充分发挥科技对突发事件应急的支撑作用，提高语言服务效能，充分利用我国在 5G 网络、大数据、人工智能等

方面的优势和资源，打造智慧化、现代化的国家突发事件应急语言服务手段。

一是应尽快建立多语种国家应急呼叫中心和网络信息服务平台。在此次抗击新冠肺炎疫情的阻击战中，我国多语种服务信息平台和应急呼叫中心缺位。（王立非，2020）目前我国还尚未设立国家应急呼叫中心，国家层面的应急信息服务平台只有中国应急信息网，该网站由中国应急管理部主办并负责日常运营，但网站目前只设有汉语一个语种。应急呼叫中心和网络服务平台不仅可以拓展应急语言的服务范围，又使市民面对重大突发事件或灾害时可以快速获得可信可靠的信息，起到阻击谣言、稳定民心的作用。同时国家相关机构也可与社会上的语言翻译、语言技术开发等公司合作，共同维护应急呼叫中心和网络服务平台建设，这种合作方式既可以获得更多的语言服务资源，又可以在一定程度上减少政府开支，降低应急和救援成本。

二是应打造多平台的应急语言综合服务系统。一方面，应充分利用互联网新媒体平台信息量大、交互性强、用户量广等优势，在微信、微博、抖音等平台上推出应急语言服务。例如，在此次抗击新冠肺炎疫情中，北京语言大学、武汉大学等机构成立了"战疫语言服务团"，共同研发了《抗击疫情湖北方言通》《疫情防控外语通》和《疫情防控"简明汉语"》等应急语言服务产品，并通过微信、抖音、网页等多种媒介推出，取得了很好的服务效果。另一方面，应重视多语言的应急移动应用程序和外语电视媒体的开发与应用。手机移动应用程序能精准有效地为使用者提供服务，同时使用频率高、开发成本低，而电视作为传统媒体的重要组成部分，已积累了大量使用人群，两者都是我们在提供应急语言服务中不能忽视的重要服务手段。

四、结语

随着全球化、信息化和智能化的发展，语言功能也不断拓展。语言是生产力，也是战斗力。人们对具有全局性、基础性特征的语言因素不宜"日用而不知"。语言本身具有应急的属性与功能。它既有可能是突发事件的诱因，也有可能是影响突发事件应急的重要因素。（方寅，2019）应急语言能力的提升是一项系统性、长期性的工程，尤其是在我国正从"本土型国家"向"国际型国家"转型的历史背景下，我们亟须吸收借鉴国外应急语言服务方面的实践经验，构建科学、合理、可行的突发公共事件应急语言的评估与预警体系，提升国家的应急语言能力，服务国家语言治理能力的现代化。

参考文献

［1］陈艳红、钟佳清：《美国联邦应急管理局的应急信息发布渠道研究》，《电子政务》2017 年第 9 期。

［2］方寅：《论突发事件语言应急能力提升》，《河南师范大学学报（哲学社会科学版）》2019 年第 3 期。

［3］李宇明：《迎接人与机器共处的时代》，《光明日报》2017 年 8 月 6 日。

［4］李宇明、王海兰：《粤港澳大湾区的四大基本语言建设》，《语言战略研究》2020 年第 1 期。

［5］滕延江：《美国紧急语言服务体系的构建与启示》，《北京第二外国语学院学报》2018 年第 3 期。

［6］王宏伟：《美国应急管理的职业化发展与启示》，《中国应急管理报》2019 年 8 月 8 日。

［7］王辉：《提升适应国家治理现代化的应急语言能力》（2020-02-18）［2020-02-25］，https：//theory. gmw. cn/2020-02/18/content_ 33566988. htm。

［8］王立非：《面对新冠疫情，应急语言服务不能缺位》（2020-02-26）［2020-03-01］，http：//mlzg. w010w. com. cn/html/2020/zgwlw_syzs_ 0226/527095. html？from=singlemessage&isappinstalled=0。

［9］游志斌、薛澜：《美国应急管理体系重构新趋向：全国准备与核心能力》，《国家行政学院学报》2015 年第 3 期。

［10］张天伟：《美国国家语言服务团案例分析》，《语言战略研究》2016 年第 5 期。

［11］FEMA：Speaking the Language of Louisiana Flood Survivors（2016a-04-13）［2020-03-10］. https：//www. fema. gov/news-release/2016/04/13/speaking-language-louisiana-flood-survivors.

［12］FEMA：Language access plan（2016b-10-01）［2020-02-25］. https：//www. dhs. gov/sites/default/files/publications/FEMA%

20Language%20Access%20Plan. pdf.

［13］ Government Accountability Office： Language Access Selected Agencies Can Improve Services to Limited English Proficient Persons. Washington， D. C：Government Accountability Office， 2010.

［14］ IFHV （Institute for International Law of Peace and Armed Conflict）：World Risk Report 2019. Berlin：IFHV， 2019.

［15］ O' Brien, Sharon， Federico Federici， Patrick Cadwell， Jay Marlowe & Brian Gerber：Language Translation During Disaster：A Comparative Analysis of Five National Approaches. International Journal of Disaster Risk Reduction， 2018 （31） .

［16］ Purtle, Jonathan P.， Nadia J. Siddiqui & Dennis P. Andrulis： Language Issues and Barriers. in K. Bradley Penuel and Matt Statler （eds. ） . Encyclopedia of Disaster Relief （Vol. 1） . Thousand Oaks：Sage Publication Inc. ， 2011.

［17］ Scamman， Kimberly：Limited‐English Proficiency：LEP Populations by U. S. State （Infographic） （2018-03-12） ［2020-03-20］. https：//telelanguage.com/limited-english-proficiency-lep-populations-by-u-s-state/.

［18］ U. S. Department of the Interior：Post-Katrina Emergency Management Reform Act. （2006-10-04） ［2020-03-01］. https：// www. doi. gov/sites/doi. gov/files/uploads/Post_ Katrina_ Emergency_ Management_ Reform_ Act_ pdf. pdf.

The Emergency Language Services during Public Emergencies in the United States： Practices and Implications

Li Baogui， Shi Guansheng

Abstract：The United States is a country with frequent public emergencies such as natural disasters and accidents. In the course of many public emergencies， the United States has continued to practice emergency language services. The paper demonstrates the practice of American language emergency services from four aspects in terms of legislation， response mechanism， talent team， and service means， and puts forward four implications for enhancing the capacity of emergency language services in China：to establish scientific and complete national emergency language service laws and regulations with clear rights and responsibilities；to construct the timely， efficient and proactive national emergency language service response mechanism；to build the tiered and professional national emergency language service talent team；to produce the intelligent and modern national emergency language service means.

Keywords：the United States；public emergencies；emergency language services；practices；implications

作者简介

李宝贵，辽宁师范大学国际教育学院教授，博士生导师，北京语言大学汉语国际教育研究院兼职研究员，世界汉语教学学会理事，辽宁省语言学会会长，主要研究方向为国际中文教育、中文国际传播和语言规划与政策等。

史官圣，浙江师范大学国际文化与教育学院博士研究生，主要研究方向为国际中文教育和语言政策。

（学术编辑　刘敬华）

日本应急语言的发展及启示*

韩 涛 北京外国语大学日语学院

[摘 要] 应急语言服务与研究是处理和应对突发公共事件的重要方面。自上世纪 90 年代以来，日本在这一领域的研究和实践探索方面积累了较为丰富的经验。本文着重梳理了日本应急语言发展的基本脉络，包括前期的基础性研究和后期的应急产品开发与数据库的建立，总结出其发展特点：一是关注灾害中外国人的生存状况；二是高校团队在日本应急语言发展中起到重要作用。并阐述了日本应急语言的发展现状，指出日本未来在应对灾害时可能采用"减灾日语+平易英语"的发展趋势，在此基础上归纳了其对我国应急语言发展的三点启示。

[关键词] 日本；应急语言；启示

一、引言

庚子年初，新冠肺炎疫情暴发。面对这一重大突发公共卫生事件，我国在以习近平总书记为核心的党中央的带领下打响了疫情防控阻击战。但与此同时，此次疫情也在一定程度上暴露了我国在应急语言能力、应急语言服务等方面存在的问题与不足。随着疫情的不断扩大，与应急语言相关的诸问题成为学界关注的焦点，并由此产生了一批研究成果。如李宇明（2020），李宇明、饶高琦（2020），汲传波、李宇明（2020），王春辉（2020），张天伟（2020）等。上述研究从应急语言能力建设、应急语言研究路径与方法、语言应急与社会治理、制定疫情防控"简明汉语"等不同方面，为我国今后的应急语言建设提出了切实可行的方案，奠定了坚实的理论基础。

日本真正开展应急语言①研究始于 1995 年阪神大地震之后，经过 20 余年的发展，日本在应急语言策略、应急语言服务、应急语言产品等方面积累了诸多先进的经验，值得我们关注与借鉴。以下，本文拟着重梳理日本应急语言发展的基本脉络，阐述其发展特点、现状及未来发展趋势，以求给我国相关研究的展开提供一定的启示和借鉴。

二、日本应急语言发展的基本脉络

日本是自然灾害频发的国家，有研究表明早在大正时期，日本就建立了灾害应急处理系统（顾晶姝，2020）。目前，日本已在全国范围内建立起较为完备的

---

* 本文系北京外国语大学"新冠肺炎疫情"研究专项"国家语言能力视角下应急语言服务体系建设研究"（SYL2020ZX027）的阶段性研究成果。

① 韩涛（2019）将日本的平易语言发展划分为三个阶段，即从"简约日语"到"减灾日语"再到"平易日语"。本文所指应急语言主要针对的是"减灾日语"，日语称「減災のための『やさしい日本語』」。

科研机构、学会组织及民间团体，如日本防灾科技研究所（National Research Institute for Earth Science and Disaster Resilience）、国立环境研究所（National Institute for Environmental Studies）、日本灾害信息学会（Japan Society for Disaster Information Studies）、减灾对策研究机构（Research Organization for Catastrophic Disaster Reduction）。同时，不少高校还设立了研究所、研究基地等开展相关研究，如京都大学防灾研究所（Disaster Prevention Research Institute）、东北大学灾害科学国际研究所（International Research Institute of Disaster Science）、立命馆大学历史都市防灾研究所（Institute Disaster Mitigation for Urban Cultural Heritage）、北海道大学突发灾害防灾·减灾协同研究基地（Unpredicted Natural Disaster Prevention/Mitigation Research Collaborative Project Center）等。

但日本真正开始关注自然灾害中的语言问题，开展大规模应急语言研究肇始于 1996 年前后。1995 年 1 月 17 日凌晨 5 点 46 分，日本发生了震级 7.3 级的阪神大地震（正式名称为「阪神·淡路大震災」）。由于此次地震为典型的城市正下方型地震，因此造成了大量人员伤亡[①]。日本都市防灾研究所（1995）公布的数据显示，在此次地震中日本人的死亡比例为每百人中 0.15 人，而外国人为 0.27 人；日本人的受伤比例为每百人中 0.89 人，而外国人为 2.12 人。即外国人的死亡率高出日本人近 2 倍，受伤率高出日本人近 2.4 倍。这一结果立刻引起日本学者的关注。不少学者开始就"灾害与外国人及语言"问题展开研究，并将研究成果陆续发表在 1996 年 1 月至 8 月的重要学术期刊『月刊言语』（大修馆书店，2010 年停刊）上，如 Long、姜锡祐（1996），松田（1996），Nakamizu、陈于华（1996），杉原（1996），真田（1996）等，"减灾日

语"的概念随之诞生。

由此可见，日本开展应急语言研究与关注灾害中外国人的生存状况是密不可分的。我们认为，这也是日本应急语言研究不同于他国的一个显著特点。其另一个特点是高校在日本的应急语言建设中扮演了重要角色，特别是由高校科研人员等组成的科研团队发挥了极其重要的作用。正如王娟、曲志强（2020）所言，高校牵头、跨界合作是减灾日语日常管理机制的最大特点。

减灾日语研究的核心是 1995 年 3 月以日本弘前大学佐藤和之教授为首成立的"减灾日语"研究会。截止到 2015 年 4 月，该研究会的成员包括佐藤和之（弘前大学教授）、伊藤彰则（东北大学教授）、坂本知巳（SAKAMOTO MOTOMI 诊所所长）、佐藤博彦（佐藤内科医院院长）、庄司辉昭（NPO 法人 CAST 职员）、杉户清树（国立国语研究所名誉所员）、中村康司（弘前地区消防事务组合消防司令长）、波多野厚缘（FM APPLE WAVE 董事）、马场康维（统计数理研究所特任教授）、藤盛嘉章（藤盛医院院长）、前田理佳子（大东文化大学讲师）、松本功（HITUZI 书房董事长）、水野义道（京都工艺纤维大学教授）、御园生保子（东京农工大学教授）、米田正人（国立国语研究所名誉所员）。该团队在独立行政法人日本学术振兴会科研费补助金的资助下[②]，开展了大规模减灾日语的实验和研究，大致可分为前期基础性研究——制定减灾日语 1 和减灾日语 2 以及后期相关应急产品开发与数据库建立两个阶段，已取得较为丰硕的成果。

与减灾日语 2 相比，减灾日语 1 更加关注灾害发生后 72 小时以内的信息，具体包括：①灾害刚发生后应传递的信息；②恢复平静后应传递的信息（大约 12 小

---

①　此次地震共造成 6434 人死亡，3 人失踪，43729 人受伤。详见日本国土交通省气象厅网站［2021-04-08］，https://www.data.jma.go.jp/svd/eqev/data/1995_01_17_hyogonanbu/index.html。

②　该团队的科研项目包括："关于国际社会中日语的综合研究"（水谷修，国立国语研究所 1994—1999）、"关于向非日语母语者提供应急语言信息的调查研究"（佐藤和之，弘前大学 1997—1999）、"灾害时为外国人制定的简明日语与语言学手法在满足社会需求中的应用"（佐藤和之，弘前大学 2003—2005）、"关于面向外国人受灾人员使用简明日语进行灾害信息传递的研究"（佐藤和之，弘前大学 2006—2008）、"日语句子难易度判断与音声合成的简明日语制作辅助系统的研究开发"（伊藤彰则，东北大学 2014—2016）、"构建简明日语数据库的基础性研究"（前田理佳子，大东文化大学 2015—2017）。

时后）；③开始恢复日常生活后应传递的信息（大约 48 小时后）。譬如，下文（1）是阪神大地震发生当天（即 1995 年 1 月 17 日）早 7 点日本广播协会（NHK）播报的一段新闻（部分词句略作了调整）。（2）是减灾日语。

　　（1）今朝、5 時 46 分ごろ、兵庫県の淡路島付近を中心に広い範囲で強い地震がありました。気象庁では、今後もしばらく余震が続くうえ、やや規模の大きな余震が起きるおそれもあるとして、地震の揺れで壁に亀裂が入ったりしている建物には近づかないようにするなど、余震に対して十分に注意してほしいと呼びかけています。（大意为今晨 5 点 46 分，兵库县淡路岛附近发生了强烈地震。气象厅呼吁关注余震，不要靠近有倒塌风险的房屋附近。）

　　（2）今日　朝　5 時 46 分、兵庫　大阪などで、大きい　地震が　ありました。余震〈後で　来る　地震〉に　注意して　ください。地震で　こわれた　建物に　注意して　ください。

　　据该团队的调查结果显示，在日本生活一年以上的外国人对（1）的理解率仅有 27%，而对（2）的理解率却达到了 91%。和原文（1）相比，我们发现（2）在以下方面进行了调整：①只保留了重要度高的信息。如"发生什么了？""接下来要注意什么？""具体的注意事项"等。②替换了含糊不清的表达。如「今後もしばらく余震が続くうえ」、「やや規模の大きな余震が起きるおそれもあるとして」。③替换了难度高的词汇。如「今朝」改为「今日　朝」、「危険」改为「危ない」、「確認する」改为「よく見る」等。④在灾害类词汇①后附上了简明日语。如「余震」→余震<後で来る 地震>、「避難所」→避難所<みんなが 逃げるところ>等。⑤简化了句子的结构。如缩短了句子的长度，文节②之间进行了隔开处理。

　　具体而言，"减灾日语 1"规定如下：（1）删除日语中委婉含糊的表达。（2）依据旧日语能力测试 3、4 级水平，筛选出 1500 到 2000 个单词。（3）规定一句话的长度为 24 拍（一个假名为 1 拍）左右。（4）每句话仅传递一个重要信息。"减灾日语 2"在"减灾日语 1"的基础上，将适用对象设定为旧日语能力测试 2 级水平，并适当放宽了句子的长度、可使用的汉字数、可传递的信息量以及句子结构复杂程度等的限制。"减灾日语 2"大致包括以下信息：（1）有关各种制度及在日生活所需信息，如税金、年金、市营住宅介绍等信息。（2）在日生活中特别需要的信息，如就业、教育、保育等信息。（3）与生命安全相关的信息，如防灾、急救、急诊、预防、交通规则等信息。（4）日常生活中的实用信息，如垃圾回收等信息。

　　作为实际应用案例，该团队的减灾日语在 2004 年 10 月发生的中越地震以及 2011 年 3 月 11 日发生的东日本大地震中发挥了重要作用。如包联群（2020）详细介绍了东日本大地震后日本开展的包括利用减灾日语在内的多项应急语言服务措施。后期该团队将研究重心放在了应用产品开发和数据库的构建上。比如，2008 年该团队推出一款名为"YANSIS"的减灾日语生成辅助系统③，该系统会对录入文本的难易度进行自动识别，从而辅助生成更加简明的日语。数据库方面，该团队已于 2017 年完成日本学术振兴会科研项目"构建简明日语数据库的基础性研究"。

三、日本应急语言的发展现状

　　据日本法务省（2019）统计，到 2018 年末在日本居住的外国人达到 273 万人，创下历史新高。同时，2018 年访日外国游客突破 3000 万人，并且日本政府计划到 2020 年将这一数字提升至 4000 万，到 2030 年再提升至 6000 万人④。不仅如此，未来日本还将承办东

---

① 所谓"灾害类词汇"指虽然平时不常用，但在发生灾害后能保证生命安全的重要词汇。
② 文节是指把句子划分到作为实际语言并非不自然的程度时所获得的最小语言单位。
③ 由于弘前大学社会语言学研究室的主页已于 2020 年 1 月 17 日关闭，故目前无法打开阅览。
④ 详见日本国土交通省观光厅［2021-04-08］，https：//www.mlit.go.jp/common/001126601.pdf。

京奥运会①、2025 年大阪关西世博会等大型国际性活动。为此，2018 年 3 月日本总务省消防厅制定了《关于如何在外国人使用的设施内进行灾害信息广播及避难疏导的指导准则》，以便在发生火灾或地震时能够短时间内将大量的外国游客从公共设施（如机场、车站、体育场、酒店）疏导至安全场所。

然而，需要谨慎讨论的是在灾害发生时使用何种语言才能更加安全有效地进行信息传递和人员疏导。一种是采用多语言应对。2016 年 3 月 30 日，日本国土交通省观光厅制定了《面向未来的观光规划》，计划到 2020 年在日本全国 200 个景点推行多语言解说服务，同时，要求半数左右的中小企业实现多语言化服务。事实上，我们发现早在 1997 年，日本政府便已公布《关于进一步为访日外国游客提供便利服务的国际观光法》，其中规定为方便外国游客利用公共交通工具，允许使用英语、汉语、韩语三种外语提供相关信息（这三种外语基本覆盖了 80% 到 90% 的访日外国游客的母语）。这便是今天日本很多车站等公共场所的外语标识多以这三种语言为主的缘故。不可否认，在观光这一特定的领域内，多语言服务与多语言应对确实为外国游客提供了便利，发挥了重要作用。但火灾、地震等灾害发生与观光有本质上的区别，因为前者往往需要通过语音的形式及时有效地传递灾害信息，而后者以指示牌等公共标识为主，缺少时间上的紧迫性。可以设想，一旦灾害发生，需要第一时间以广播的形式告知人群"发生什么了""需要往哪里逃避""随身物品怎么处置"，以及需要传递"请走楼梯""请不要使用电梯""请保护好自己的头部"等与生命安全相关的信息，此时若采用日语>英语>汉语>韩语的顺序进行广播，假设每个语种的广播时长为 30 秒，一轮下来便需要 2 分钟。通常情况下还需要进行第二轮广播，如此便需要 4 分钟。我们知道一旦灾害发生，时间即生命，

需要和时间赛跑抢救生命，每增加一分一秒都有可能造成更大的人员伤亡。Long（1997）甚至指出发生灾害时使用多语言广播可能会遇到及时性、灵活性等 7 种困难。此外，日本于 2013 年公布的《关于铁路部门在应对大规模灾害中如何进行信息传递的调查研究报告》也印证了这一点，即使用多语言广播时，不得不按语种依次进行广播，一旦没有听到就需要等待较长时间，由此会造成行动迟缓等问题。同时，若等待时长超过 1 分钟，则有可能会因场面的混乱，无法集中注意力造成信息无法有效传递。

另一种是采用英语应对。但这里存在一个问题，因为目前访日游客多半来自非英语圈的国家和地区。比如，日本观光局（2019）统计数据显示，2018 年占访日游客前三位的分别是中国大陆（838 万人）、韩国（754 万人）和中国台湾（476 万人），而这些国家和地区的英语能力指数（English Proficiency Index）却处于偏低水平，其中中国大陆（51.94）、中国台湾（51.88）与日本（51.80）处于同一水平，韩国（56.27）虽然略高，但并不突出②。而来自英语为母语的英国、美国、澳大利亚的访日游客量（约 582 万人）占比仅为 19%。而且还需要考虑到承担广播和引导的工作人员自身英语能力的问题，以及在灾害引起的恐慌中，即便是英语为母语的人其英语能力也会有所下降等问题③。

与以上两种情况相比，佐藤团队认为，使用减灾日语实现有效信息传递的可能性相对更高。理由主要有三：首先，日语是在日外国人相互沟通的主要语言，而非英语。日本国立国语研究所 2009 年实施的"生活中的日常用语"调查显示，能够满足日常生活需要的语言，日语排名第一（62%），远高于排名第二的英语（36%）。比如，2018 年夏季西日本暴发洪水时，一位

---

① 受新冠肺炎疫情影响，东京奥运会将延期至 2021 年举办。详见东京都官网［2021-04-08］，https：//www. koho. metro. tokyo. lg. jp/diary/ report/2020/03/25/02. html。

② 详见 Education First Japan 株式会社网站［2021-04-08］，https：//www. efjapan. co. jp/epi/。

③ 当灾害发生时，即便大学本科毕业的人其（英语）会话能力也会降至小学 4 年级水平。详见日本内阁府 2013 年委托调查［2021-04-08］，https：//www. njss. info/offers/view/3602721/。

参加志愿者活动的来自巴西的外国居民表示，在日本的很多外国居民实际上并不会讲英语，交流时主要还是使用简单的日语①。其次，访日外国游客中能够理解相对简单日语的比例很高。据株式会社电通和日本国际交流基金 2016 年 12 月公布的关于"来自（中国）台湾、（中国）香港、韩国的日语学习者人数与访日经历"② 调查结果显示，来自上述地区的访日游客中 3 人中有 1 人会说日语的概率高达 70% 到 80%。而减灾日语设定的日语难度大致相当于旧日语能力测试 3 级水平（约 2000 个单词），与访日游客的日语水平较为接近。第三，如前所述，减灾日语在实际操作过程中，分为减灾日语 1 和减灾日语 2，二者各有侧重，提高了可操作性和信息传递的有效性。即当灾害发生时，先在 2000 个单词的范围内选择合适的词汇通过防灾无线电、宣传车、社区广播以及发送手机短信等形式进行必要的信息传递，将人员迅速转移至安全场所（减灾日语 1）。之后，在精通外语的救援团队到来之前，再通过文字（限定在小学 3 年级的汉字和假名水平）的形式（包括传单、海报、SNS 等）发布有关灾后生活和公共卫生方面的信息（减灾日语 2）。根据佐藤团队的实验结果，同样为旧日语能力测试 3 级水平的外国人，使用减灾日语对其引导比使用普通日语进行引导的有效性高出 25 个百分点。此外，还有一点值得注意的就是羊群效应（herding effect）。即哪怕外国游客中有完全不懂日语的人，只要有一部分能理解减灾日语的游客，他们便可以起到领头羊的作用，从而确保整体人员流动的安全有效③。

作为未来日本应急语言的发展趋势，很可能出现减灾日语与平易英语（Plain English）并用的情形。2017 年 10 月至 12 月，日本总务省消防厅在车站、机场、体育场、酒店等公共设施内模拟了发生火灾或地震时使用"减灾日语+平易英语"双语进行避难疏导的

实验④，结果显示"日语+英语"这一组合发挥了很好的效果。

四、日本应急语言发展对我国的启示

诚如王春辉（2020）所言，"我国是世界上受各种灾害影响比较严重的国家之一，……我国在突发公共事件语言应急方面的系统建设还未提上日程，我国的突发事件语言应急能力还亟待提升"。日本在应急语言的学术研究和实践探索方面起步较早，很多方面值得我们参考和借鉴。这一点司罗红、王晖（2020），李宇明、饶高琦（2020），王春辉（2020）等都有提及。通过对日本应急语言发展脉络进行梳理，观察其发展现状、特点及趋势，我们认为，日本的应急语言发展对我国的启示主要有三：

第一，发挥高校力量、开展多方合作，制定和完善相关法律法规。一方面，尽早建立起完备的从国家到地方再横向联合高校的"三位一体"科研体系，充分发挥社会团体、民间团体的力量和积极性，采用自上而下与自下而上相结合的方式，加大应急语言的科研力度，开展大规模应急语言相关调查，在实践中不断检验、提高研究成果的有效性和合理性。另一方面，虽然我国已颁布执行了多部与突发事件相关的法律和条例，但尚缺少语言应急内容（李宇明、饶高琦，2020），因此应尽早制定出台一批与应急语言相关的法律法规以及指导原则，为应急语言研究的推广与落实提供强有力的政策保障。

第二，借鉴减灾日语的编制经验，研发更加合理有效的"简明汉语"。随着国际化程度的不断提高，在此次新冠肺炎疫情中，我国也遇到了如何让居住在中国的外国居民及时有效地获取相关信息的问题。如

---

① 详见北海道新闻 2019 年 2 月 23 日。
② 详见 ［2021-04-08］https：//dentsu-ho.com/articles/4785。但遗憾的是这一数据并未包括来自中国大陆的游客。
③ 罗马大学的 Albi 等（2016）已经通过实验印证了这一点。
④ 详见日本总务省网站 ［2021-04-08］，http：//www.soumu.go.jp/main_ content/000541783.pdf。

2020 年 1 月 31 日地处 CBD 核心区地段的北京朝阳区呼家楼街道东大桥社区便紧急制作了中、英、日三语版的《致居民的一封信》，以便社区里的外籍居民及早了解我国对疫情的工作政策，增强对新冠肺炎的自觉防治与自我保护能力①。目前我国"战疫语言服务团"已研制出《疫情防控"简明汉语"》。今后我们可以在此基础上，参考减灾日语 1 和减灾日语 2 的做法，根据不同场景将"简明汉语"分为不同层次，从而使之更具针对性，提高时效性。

第三，提倡"简明汉语+平易英语"的做法。目前我国也在大力提倡多语言服务、多语言应对。但从日本的经验看，多语言也有其局限性。因此，我们认为应依据不同场合，制定出不同预案，特别是在紧急情况下，需要通过语音第一时间进行灾害信息传递时，若提供多语言服务反而会延误时机。相比之下，"简明汉语+平易英语"的做法可能更为有效。

五、结语

与国外的一些国家相比，我国在应急语言的学术研究和实践探索方面起步较晚，但我们也因此具有后发优势。从世界范围看，日本的减灾日语、美国等国的平易英语都发展得较为成熟，将这些国家的先进经验介绍过来，可以帮助我们更好地更充分地吸收和利用它们的经验，取长补短，提升我国的应急语言能力，使其在各种突发公共事件中发挥出应有的作用。当然，应急语言建设是一个大的系统工程，需要社会各界齐心协力、共同努力。

参考文献

[1] 包联群：《"3·11"东日本大震灾应急语言服务》，《语言战略研究》2020 年第 3 期。

[2] 顾晶姝：《日本灾害应急语言服务的实践与启示》，《浙江师范大学学报（社会科学版）》2020 年第 4 期。

[3] 韩涛：《"平易语言"在日本的发展：从"简约日语"到"减灾日语"再到"平易日语"》，《语言政策与规划研究》2019 年第 2 期。

[4] 汲传波、李宇明：《〈疫情防控"简明汉语"〉的研制及其若干思考》，《世界汉语教学》2020 年第 3 期。

[5] 李宇明：《重视突发公共事件中的语言应急问题》，《语言战略研究》2020 年第 2 期。

[6] 李宇明、饶高琦：《应急语言能力建设刍论》，《天津外国语大学学报》2020 年第 3 期。

[7] 司罗红、王晖：《重视生存普通话在紧急援助中的作用》，《光明日报》2020 年 2 月 22 日。

[8] 王春辉：《突发公共事件中的语言应急与社会治理》，《社会治理》2020 年第 3 期。

[9] 王娟、曲志强：《"简易日语"与救灾应急》，《语言战略研究》2020 年第 5 期。

[10] 张天伟：《国外应急语言研究的主要路径和方法》，《语言战略研究》2020 年第 5 期。

[11] Albi, GIACOMO, MATTIA Bongini, EMILIANO Cristiani, & DANTE Kalise：Invisible Control of Self-Organizing Agents. Society for Industrial and Applied Mathematics Journal on Applied Mathematics, 2016, 76 (4).

[12] Long, Daniel、姜錫祐：《外国人における緊急時報道の理解について》，《言語》1996 年第 5 期。

[13] Long, Daniel：《緊急時報道における非母語話者の言語問題--応用社会言語学の試み--》，《日本研究》1997 年第 2 期。

[14] Nakamizu, Ellen、陳於華：《緊急時における言語問題とその対策》，《言語》1996 年第 4 期。

[15] 松田陽子：《多様な外国人に対する情報提供を考える》，《言語》1996 年第 3 期。

[16] 真田信治：《『緊急時言語対策』の研究について》，《言語》1996 年第 1 期。

[17] 佐藤和之、水野義道、前田理佳子等：《訪日外国人 6000 万人時代に向けた「やさしい日本語」の応用と展開：プレインイングリッシュの併用とハーディング効果で安全を高める》，《弘前大学大学院地域社会研究科年報》2020 年第 16 期。

[18] 杉原達：《阪神大震災と多言語放送》，《言語》1996 年第 8 期。

网络文献

[1] 外国人に対する災害時の『やさしい日本語』による情報伝達 [2021-04-08]，https://www.jasso.go.jp/ryugaku/related/

---

① 详见北京市朝阳区人民政府官网 [2021-04-08]，http://www.bjchy.gov.cn/dynamic/jxdt/8a24fe836fcc2b2f016ffa5141ef0783.html。

kouryu/2012/_ _ icsFiles/afieldfile/2015/10/23/maedarikako. pdf.

［2］災害時の外国人のための「やさしい日本語」［2021-04-08］，https：//www. bunka. go. jp/seisaku/kokugo _ nihongo/kyoiku/taikai/r01_ kyoto/pdf/91949503_ 14. pdf.

［3］災害時における在日外国人のメディア利用と情報行動：4 国籍の外国人を対象とした電話アンケートの結果から［2021-04-08］，https：//www. nhk. or. jp/bunken/summary/research/report/2012_ 08/20120805. pdf.

［4］やさしい日本語が外国人被災者の命を救います［2021-04-08］，https：//www. 2020games. metro. tokyo. lg. jp/multilingual/council/pdf/meeting_ 05/reference23. pdf.

［5］「阪神・淡路大震災から東日本大震災へ多文化共生の経験をつなぐ」：地域における多言語放送が多文化共生社会構築に果たせる可能性［2021-04-08］，http：//www. law. tohoku. ac. jp/gcoe/wp-content/uploads/2012/04/gemc_ 07_ cate2_ 4. pdf.

［6］阪神・淡路大震災と外国人問題［2021-04-08］，http：//www. focusglobal. org/leading/pdf/kobe_ earthquake. pdf.

［7］阪神・淡路大震災による被災と復興［2021-04-08］，https：//www. city. kobe. lg. jp/documents/35696/12chapter8. pdf.

［8］「広報こうべ地震災害対策特別号第 1 号」［2021-04-08］，https：//www. city. kobe. lg. jp/documents/4838/koho0217. pdf.

［9］知的障碍者と＜やさしい日本語＞［2021-04-08］，http：//www4414uj. sakura. ne. jp/Yasanichi/pdf/083 _ P5 _ % E6% 89% 93％E6％B5％AA. pdf.

［10］震災からの学び「やさしい日本語」について［2021-04-08］，https：//lorc. ryukoku. ac. jp/phase3/event/Iwata. pdf.

［11］ニュースのためのやさしい日本語とその外国人日本語学習者への効果［2021-04-08］，https：//www. nhk. or. jp/strl/publica/rd/rd168/pdf/P36-48. pdf.

［12］外国人来訪者等が利用する施設における災害情報の伝達・避難誘導に関するガイドライン［2021-04-08］，https：//www. fdma. go. jp/singi _ kento/kento/items/kento184 _ 56 _ guide. pdf.

官方网站

［1］日本内阁府 TEAM 防灾 JAPAN：https：//bosaijapan. jp/

［2］日本国土交通省观光厅：https：//www. mlit. go. jp/

［3］国立研究开发法人防灾科学技术研究所：https：//www. bosai. go. jp/

［4］国立研究开发法人国立环境研究所：http：//www. nies. go. jp/

［5］日本灾害信息学会：http：//www. jasdis. gr. jp/

［6］特定非营利活动法人大规模灾害对策研究机构：http：//www. e-tsunami. com/

［7］京都大学防灾研究所：https：//www. dpri. kyoto-u. ac. jp/

［8］东北大学灾害科学国际研究所：https：//irides. tohoku. ac. jp/

［9］立命馆大学历史都市防灾研究所：http：//www. r-dmuch. jp/jp/results/disaster/

［10］北海道大学突发灾害防灾・减灾协同研究基地：http：//lab. agr. hokudai. ac. jp/disaster/

The Development of Japanese Emergency Language and Its Enlightenment

HAN Tao

（School of Japanese and International Studies, Beijing Foreign Studies University）

Abstract：Emergency language service and research is an important aspect of handling and responding to public emergencies. Since the 1990s, Japan has accumulated rich experience in this field. This paper combs the basic context of the development of Japanese emergency language, including the basic research in the early stage and the development of emergency products and the establishment of database in the later stage, and points out its development characteristics. Firstly, it has paid attention to the living conditions of foreigners in disasters; secondly, the university team has played an important role in the development of Japanese emergency language. It also expounds the development status of Japanese emergency language, and points out that Japan is likely to adopt the development trend of "plain Japanese + plain English" in response to disasters in the future. On this basis, it summarizes three enlightenments for the development of emergency language in China.

Key words：Enlightenment of Japanese emergency language

作者简介

韩涛，博士，北京外国语大学日语学院副教授。主要研究方向：理论语言学与语言政策。

（学术编辑　刘敬华）

谈突发公共卫生事件相关命名问题

赵 运 上海外国语大学语言研究院

[摘 要] 突发公共卫生事件中的的命名工作是事件处置中一项重要的工作。过去国际上发生的部分突发公共卫生事件中也存在着命名不当的问题。以往的问题和现实的需求促使世界卫生组织、国际病毒分类委员会不断修订更加科学也更兼顾社会接受程度的命名规则。这些经验反映出突发公共卫生事件相关命名工作需要处理好病毒命名与疾病命名、国内命名与国际命名、官方命名和民间俗称之间的关系。我国应尽快建立健全命名规范标准体系和命名机制，完善中国与国际组织之间的合作机制，在相关名称确立后要及时通过媒体、发布会以及有影响力的社交平台及时向公众传播。

[关键词] 新冠肺炎，突发公共卫生事件，命名，世卫组织

一、引言

在新冠肺炎疫情等一部分突发公共卫生事件的应对中，对新发病毒和疾病进行命名是处置工作的重要组成部分。疾病和病毒的命名属于术语问题，而术语的使用和规范有领域上的分别。在一般情况下，这些限于医学、微生物学等科学领域的术语规范标准与社会生活不会发生直接联系，公众也很少会关注这类信息。而造成公众对于这些医学术语有着迫切需求的原因，是因为这些术语出现在了突发公共事件当中。对于突发公共事件来说，命名是"议题设置"的核心要素，需要准确聚焦，更需要及时、专业的处置（王春辉，2020）。2007 年 8 月 30 日，第十届全国人民代表大会常务委员会第二十九次会议通过了《中华人民共和国突发事件应对法》，该法总则第三条指出："突发事件，是指突然发生，造成或者可能造成严重社会危害，需要采取应急处置措施予以应对的自然灾害、事故灾难、公共卫生事件和社会安全事件。"这一定义明确了两个关键信息，一是"突发"，突发意味着事发突

然，需要进行快速响应，因此需要一个相应的规范来确立突发事件命名的原则、流程、方式、方法，一旦出现突发事件，就可以按照相应的规范，快速地为事件及相关信息进行命名，为确定科学、准确并且不造成歧视和污名化的名称节省时间。二是强调了"造成或者可能造成严重社会危害"，说明这类事件会对社会产生重大影响，意味着事件相关的术语名词要超越专业领域，通过政府、媒体等渠道进入到大众领域。这样一来，术语的定名规则也就与社会生活产生了联系，适用领域也发生了扩大。公众迫切需要获取关于疫情的信息来采取一定的措施使自己免受其害，而病毒和疾病命名的字面表述往往凝固着其中的一些关键信息。一个准确、恰当、稳定的名称，对于疾病防治、疾控宣传、社会舆论都将起到积极的作用。

二、以往突发公共卫生事件中出现的命名问题

在人类与传染病的几次交锋过程中，命名的问题一直都存在。世卫组织卫生安全助理总干事福田敬二

（Keiji Fukuda）博士指出，"这对某些人而言似为一个细微问题，但病名对直接受到影响的人们而言的确事关紧要。我们看到有些病名引起了人们对特定宗教或者民族社区成员的强烈反应，对旅行、商业和贸易带来了不合理障碍，并触发了对食用动物的不必要宰杀。这对人们的生活和生计可能带来严重后果。"① 也就是说，疾病除了本身的杀伤力外，它的名字也可能具有某种破坏性。比如下文所举的三个命名，从某种意义上说都包含有一定的不当之处。

（一）"西班牙流感"

第一次世界大战期间，流感席卷全球，导致全球大约三分之一的人感染，最终造成了大约 5000 万人丧生，这场流感也被称作"西班牙流感"（Spanish Flu）。但这一次流感并不是发源于西班牙，西班牙也并不是疾病最严重的地区。一战期间各个国家对于媒体控制非常严格，而西班牙由于保持中立，对于新闻的管控程度较低，因此外界能够看到更多的来自西班牙的流感病情的报道，公众便有了"流感在西班牙更加严重"的错觉，这一命名也由此而来。

（二）"猪流感"

H1N1 流感最早暴发于北美洲，经流行病学调查，该毒株包含有猪流感、禽流感和人流感三种流感病毒的基因片断，是一种新型猪流感病毒，可以人传染人，最初也被称为"猪流感"（Swine Flu）。然而流行病学的信息表明，虽然这种新型病毒是由猪流感病毒演变而来，但到目前为止这种病毒只是使人患病，还没有发现猪被感染的病例。考虑到名称会对生猪养殖、猪肉进出口以及食品安全造成影响，世卫组织在 2009 年 4 月 30 日宣布不再使用"猪流感"一词称呼当时的疫情，而是使用"A（H1N1）型流感"，我国也同步将"人感染猪流感"改为"甲型 H1N1 流感"②。

（三）"中东呼吸综合征"

2012 年，科学家们从沙特阿拉伯提供的一个样本中，识别出一种冠状病毒。最初，一位沙特阿拉伯科学家称其为"人类冠状病毒 EMC"。随着确诊个案增加，以及对疾病认知的提高，世卫组织提出，希望出现一个统一的、专有的名称。乌得勒支大学兽医病毒学家 Raoul de Groot 组建了命名小组，他介绍，小组希望能找到一个所有参与方都满意的名字，并认为使用"中东"比使用具体国家名称更好。③

在该病毒被分离出来 8 个多月后，病毒名称正式确定。世卫组织在 2013 年 5 月 23 日的简报中第一次使用了"中东呼吸综合征冠状病毒"（Middle East respiratory syndrome coronavirus，MERS-CoV）这一名称，并在简报的备注中声明"为统一起见并为促进此疾病的通报，国际病毒分类委员会冠状病毒研究小组决定将此新型病毒定为中东呼吸综合征冠状病毒（MERS-CoV）"④。但这一命名还是被沙特阿拉伯政府反对，认为命名不合理，地域特征过强，担心可能会导致区域歧视。2014 年，中东呼吸综合征在韩国暴发，这一名称也并未进行任何改动⑤。

三、国外突发公共卫生事件相关命名标准

21 世纪以来发生过多起影响广泛的传染病事件，这些事件大多采取凸显疾病暴发地或病毒源头等信息的方式进行命名，例如埃博拉疫情因主要发生在埃博拉河流域而得名。应对人类共同面对的疫情挑战，除了医学上要采取行动之外，语言作为交流的工具，是开展医疗及相关科研工作的基础。对一种新型病毒以及由其引发的疾病进行科学命名，对全球范围内有关

---

① https：//www.who.int/mediacentre/news/notes/2015/naming-new-diseases/zh/，读取日期：2020 年 2 月 19 日。

② http：//www.gov.cn/govweb/jrzg/2009-05/01/content_ 1302168.htm，读取日期：2020 年 2 月 19 日。

③ 燕小六 2020《为什么不能叫"武汉病毒"？关于给传染病起名字的冷知识》，医学界公众号，2 月 5 日。

④ https：//www.who.int/csr/don/2013_ 05_ 23_ ncov/zh/ 读取日期：2020 年 2 月 19 日。

⑤ https：//www.who.int/csr/don/archive/disease/coronavirus_ infections/en/ 读取日期：2020 年 2 月 19 日。

疫情的信息沟通就显得尤为重要。同时，语言作为最重要信息载体，具有传播思想和价值观的作用，因此命名一方面要对于新发疾病和病毒有科学认识，另一方面还应该避免由于命名不当而对疫情发生地区和病人造成心理上的二次伤害。

自 2003 年之后，我国在突发公共卫生事件的法律和体制机制建设方面做了许多努力，例如 2005 年制定的《国家突发公共卫生事件相关信息报告管理工作规范（试行）》、2007 年颁布的《中华人民共和国突发事件应对法》、2013 年修订的《中华人民共和国传染病防治法》等，但这些法律法规尚未涉及突发公共卫生事件相关内容命名的规则、程序或协调机制，国内在新发现病毒和疾病的命名规则上仍是空白状态。考虑到国际上已经出现了比较成熟的命名规则，本节将对目前国际社会普遍使用的命名规则进行梳理介绍。

（一）世卫组织的命名规则

1.《新型人类传染病命名最佳实践》

2015 年 5 月世卫组织发布《新型人类传染病命名最佳实践》（World Health Organization Best Practices for the Naming of New Human Infectious Diseases，以下简称《最佳实践》），呼吁科学家、政府和媒体采用《最佳实践》中的建议，以最大限度地减少给国家、经济和人民带来的负面影响。

《最佳实践》中要求命名既要包括病毒的基本信息，也要包括相关的特征信息，同时避免出现有指向性的信息。命名规则中明确指出了在对新发现疾病进行命名时，要避免出现地理信息（例如城市、国家、地区、大洲等）、人名、动物或食物名称（例如禽流感、猪流感等）、文化/人口/职业信息（例如外国人、厨师、护士等）和会引发过度恐慌的内容（例如不明的、致死的等）。新规则的目标在于在反映真实具体情况的前提下，尽量减少疾病名称对于贸易、旅游、动物福利以及任何文化、社群、国家、种族、宗教群体等的负面影响，这可以在一定程度上避免被命名的地区、国家、物种等被污名化，也能降低民众的误解。

2. 国际疾病分类系统

国际疾病分类系统（International Classification of Diseases，以下简称 ICD）是一个编码系统，包括约 55000 个与损伤、疾病和死因有关的独特代码，世卫组织总干事谭德塞将其称为"世界卫生组织真正引以为傲的产物"。以新冠肺炎为例，按照现行的第十版 ICD，新冠肺炎的疾病代码为 U07.1[①]。由于是突发事件，疾病使用 U 字段，这一字段是为临时突发性疾病及事件预留的代码区域。通过统一的编码系统，卫生专业人员能够通过一种通用语言，即 ICD 的编码，来交换世界各地的卫生信息。这让全世界能够以一致和标准的方式，在不同地区、不同时期之间进行数据的比较和分享，既有助于数据的收集和储存，也有利于数据的分析和进一步的决策。目前 ICD 进入第十一版的修订阶段，第十一版 ICD 将通过世卫组织的中央翻译平台提供所有语言的翻译版本，以线上电子版的方式呈现，于 2022 年 1 月 1 日正式生效。

（二）国际病毒分类协会的命名规则

国际病毒分类协会（International Committee on Taxonomy of Viruses，以下简称 ICTV）是一个对病毒进行生物学分类和命名并制定相关标准的组织，是国际微生物学学会联盟（International Union of Microbiology Societies，以下简称 IUMS）的下属委员会。ICTV 的章程（The Statutes of the ICTV）[②] 中明确了组织的目标，目标包括：

（1）制定国际公认的病毒分类法；

（2）建立国际通用的病毒分类名称；

（3）通过召开会议和发布报告，将与病毒分类和命名有关的决定传达给病毒学家；

[①] An emergency ICD-10 code of U07.1 is assigned to the disease diagnosis of 2019-nCoV acute respiratory disease（https://www.who.int/classifications/icd/covid19/en/，读取日期：2020 年 3 月 4 日）。

[②] https://talk.ictvonline.org/information/w/ictv-information/382/the-statutes-of-the-ictv，读取日期：2020 年 2 月 24 日。

（4）维护病毒分类受认可名称的官方索引。

根据组织目标，ICTV 制定了《国际病毒分类和命名法》（The International Code of Virus Classification and Nomenclature）①，其中命名的基本原则是：保持稳定，避免使用会导致错误和误解的名称，避免出现不必要的名称创制，并且病毒的分类和术语应是国际性的，并应普遍适用于所有病毒。

世卫组织与 ICTV 命名规则的差异，反映出两个组织的性质、目标以及价值取向上的差异。组织性质上，世卫组织是联合国的下属机构，属于政府间国际组织；而 ICTV 所属的 IUMS 是国际科学理事会（International Science Council，以下简称 ISC）的下属委员会，ISC 是世界上最大的科学理事会，为非政府组织（NGO）。在目标上，世卫组织的宗旨是"使全世界人民获得尽可能高水平的健康"，命名工作是世卫组织众多工作的一个；对 ICTV 而言，对病毒进行分类是组织的根本目标，也是 ICTV 最主要的工作。在价值取向上，世卫组织需要对联合国负责，更需要考虑命名对于国际社会的影响，因此在保证命名科学性的同时，也要兼顾减少命名给国际社会带来的风险。ICTV 则更加强调命名的科学性和系统性，以科学研究的结果作为命名最主要的依据，因此在《国际病毒分类和命名法》中并没有看到有关考虑社会文化等问题的内容。

四、对策建议

突发公共卫生事件相关的命名问题既是一个科学问题，也是一个社会问题，既要考虑到名称的科学性、系统性，同时也要考虑到名称使用的简便性，还要考虑到名称对于社会意识的引导作用。本文在对国际上现行疾病和病毒命名规则进行分析的基础上，提出关于建立突发公共卫生事件相关命名规则的两方面建议。

（一）协调好三对关系

此次新冠肺炎的命名工作出现了国内初期名称较长、官方定名出现较晚、国内外不同机构的定名存在较大差异等问题，对疫情防控的初期产生了一些不良影响，例如疫情的污名化、信息沟通不畅、不实信息的扩散等等。越是影响重大的事件，越是要求信息的准确性和时效性，因此在进行命名时，需要协调好以下三对关系：

1. 病毒名称和其引发疾病的名称

按照命名的惯例，疾病名称由世卫组织确定，病毒名称由 ICTV 确定。根据 ICTV 冠状病毒研究小组（Coronaviridae Study Group）的研究结果，2020 年 2 月 11 日 ICTV 将病毒名称定为"SARS-CoV-2"（严重急性呼吸系统综合征冠状病毒 2）。这在当时引起了不小的争议。中国病毒领域专家石正丽、高福、谭文杰等联名在《柳叶刀》在线平台上发布文章《A distinct name is needed for the new Coronavirus》（新型冠状病毒需要一个不同的名字），文章指出将"2019-nCoV"② 命名为"SARS-CoV-2"具有误导性，"SARS-CoV-2"暗示着它会导致 SARS 或类似疾病。同时，无论是"2019-nCoV"还是"SARS-CoV-2"，都与病毒名称"COVID-19"在字面上有较大差异，客观上会增加理解和记忆的难度。由于疾病名称和病毒名称的命名权分属两个不同的机构，因此这其中还涉及了不同机构的合作问题。而国内的定名照顾到了病毒与疾病名称之间的一致性和协调性，病毒名称为"新型冠状病毒"，疾病名称为"新型冠状病毒肺炎"，简称"新冠肺炎"，逻辑关系一致，便于称谓和记忆。

2. 国内命名与国际命名

从新冠肺炎疫情成为国际关注的突发卫生事件开

---

① https://talk.ictvonline.org/information/w/ictv-information/383/ictv-code 读取日期：2020 年 2 月 24 日。
② "2019-nCoV"是当时由世卫组织提出并暂用的新型冠状病毒命名。

始，疫情防治工作就不是中国的一国之事，而是关系到整个人类命运共同体的事情。成为国际关注的突发卫生事件同时也意味着疫情不仅仅是医学问题（戚中田，2020）。国际关注的突发卫生事件是世卫组织应急机制中的最高等级，世卫组织通过《国际卫生条例》将国际关注的突发卫生事件的应对上升到法律层面，初衷就是为了通过这样的机制提醒所有缔约国以及其他国家引起注意，让各个国家及时采取积极措施，防止公共卫生事件扩大，减轻疫情对公共卫生安全以及后续包括经济损失在内的一切影响。

作为《国际卫生条例》的缔约国，中国需要遵守《国际卫生条例》中的相关要求，向世卫组织以及其他国家及时共享信息。国务院联防联控机制在 2020 年 2 月 8 日的发布会上宣布将此次疫情中的肺炎命名为"新型冠状病毒肺炎"，简称"新冠肺炎"，英文简称"NCP"，而世卫组织在 2 月 11 日则将疾病名称定为"COVID-19"。这种"各自为政"的状况并没有持续太久，2 月 22 日国家卫健委发布通知，将疾病英文简称更名为"COVID-19"，与世卫组织保持一致。可见，国内的疾病定名要早于世卫组织的定名，并且两者之间出现了比较大的差异。差异来自于两个主体对于疾病的表述存在不同，NCP 是由"新型冠状病毒肺炎"英文"Novel Coronavirus Pneumonia"缩略而来，COVID-19 则是由"冠状病毒疾病"英文"Corona Virus Disease"缩略而来，并加上了疫情首现的年份。由于初期国内疫情较为严重，有大量关于疫情相关的信息需要向公众公布，对于一个统一且便于使用的名称的需求十分迫切，因此国内的定名是早于世卫组织的。而后期世卫组织公布新冠肺炎的名称后，国家卫健委很快也将疾病的英文简称进行更改，与世卫组织保持一致。先公布后修正的过程并不是因为出现了错误，但这个过程也反映出国内与国际在沟通合作上出现了一定的脱节，两者之间没有形成有效的协同机制，导致时间有先有后，并且内容出现差异。

3. 官方命名和民间俗称

官方命名与民间俗称之间的矛盾主要体现在对于简称的使用上。简称的出现是对于语言经济性的需求，尤其是在疫情防控期间，病毒和疾病名称高频出现，冗长的术语不便于交流，这样的术语往往会被其缩略语或其他简洁达意的形式替代（柯平、吴志杰，2003）。为了保证信息传递的效率，因此需要选取简便并且能够体现疾病特征的方式对命名进行简化。

官方命名和民间俗称之间会出现两种关系，一种是两者是协调一致的。在官方正式发布简称之前，"新冠肺炎"已经有了一定的使用基础。2020 年 1 月 21 日，"人民日报"官方微博第一次使用"新冠肺炎"①。根据百度指数的检索情况看，从 2020 年 1 月 25 日起，"新冠肺炎"的使用频率大幅提升②，在媒体中高频出现，也逐步得到了公众的认可。最后"新冠肺炎"也成为了正式的官方简称，顺应了公众约定俗成的称呼。刘丹青（2020）指出，"新冠"符合汉语缩写最常用的规则——首字（首音节）缩写，从"新型冠状病毒"到"新冠"，浓缩保留了关键专业信息，同时又保留了"肺炎"的类名，整体意义大致清晰，四个音节又足以符合当前的经济性需求，是最理想的简称。

另一种情况则是两者之间出现了差异，"非典"就是一例。2003 年国内在发现不明原因的肺炎病例之后，由于查不到肺炎球菌或其他明确病原体，疾病的症状表现又不够典型，故当时宽泛地命名其为"非典型性肺炎"（atypical pneumonia），进而被简称为"非典"。"非典"这一命名的不足之处在于只强调了"非典型性"这一个特征，而疾病的严重程度、症状、种类等都无法通过"非典"这一名称体现出来。名称是公众获得疾病相关信息的最直接的途径，"非典"一名就不能完成向公众传递足够明晰的信息的任务。这种"俗

---

① 李权，《从"新型冠状病毒感染的肺炎"到"新冠"需要多久？》，语情局公众号，2020 年 2 月 5 日。
② 百度指数检索从 2019 年 12 月 31 日至 2020 年 3 月 6 日期间"新冠肺炎"的使用情况。http://index.baidu.com/v2/main/index.html#/trend/%E6%96%B0%E5%86%A0%E8%82%BA%E7%82%8E?words=%E6%96%B0%E5%86%A0%E8%82%BA%E7%82%8E，读取日期：2020 年 3 月 6 日。

名"一旦经由互联网和社会媒体的传播，很快就占据"有利位置"，成为日常交流中最常使用的疾病名称，即使名称不够恰当也很难做出更改（刘成鹏等，2014）。尽管日后世卫组织公布 SARS 的正式名称为"重症呼吸困难综合征"，病毒名称为"SARS 冠状病毒"（SARS-CoV），但至今"非典"仍然是被选用最多的名称。

（二）建立突发公共事件相关命名工作的机制

不仅是突发公共卫生事件，其他突发公共事件的应对中同样也面临如何进行科学命名的问题。因此，一些共性的原则不但适用于突发公共卫生事件的应对，事实上也适用于其他类型的突发公共事件应对：

1. 树立危机意识，建立健全突发公共事件相关命名规范标准体系和命名机制。突发公共事件相关的命名既属于术语规范的范畴，又要考虑到其"突发"和"公共"的特点。李宇明（2017）指出，术语规范关乎庞大的科学共同体，也关乎百姓日常生活，地位重要，影响面大。命名既要保证明晰性，又要保证使用中的经济性，同时对于时效性、科学性、公众接受程度都有很高的要求。这对命名工作而言是巨大的挑战，因此需要多部门联合制定突发公共事件相关命名工作的法律法规和规范标准，同时也要制定多部门的合作机制和工作流程，在事件突发时保证"有章可循"，协同一致。

2. 加强国内与国际组织之间的联系和配合。中国在国际事务中的参与程度越来越高，对术语国际化的要求越来越高，中国与国际上的术语协调也显得更加急迫（李宇明，2010）。应建立政府相关部门与国际组织之间的沟通合作机制，保证双方信息交流的畅通。此外，也应吸收以往命名工作中的经验，积极借鉴国际上已经比较成熟的命名规则，结合我国的实际情况，制定兼具国际化和本土化特征的命名规则。同时也要意识到，目前我国在国际组织中的工作人员尤其是高级别的工作人员较少，需要重视国际人才培养，向国际组织输送中国力量。这有利于双方开展对话，互相吸收成果，实现共享共赢。

3. 在命名确立之后，要及时通过政府新闻发布会、主流媒体等官方渠道进行公布，及早消除疑虑和猜测，避免公众受到错误信息的引导，引发恐慌和社会秩序的混乱。同时借助有影响力的自媒体平台进行传播，扩大信息的传播范围，正确引导舆论，尽可能缩小不科学甚至污名化名称的生长空间。

参考文献

[1] 国家信息中心、南京大学网络传播研究院：《"新型冠状病毒肺炎"公众认知与信息传播调研报告》（2020-02-26）［2020-03-01］，http：//www. sic. gov. cn/archiver/SIC/UpFile/Files/Default/20200226101829580669. pdf。

[2] 柯平、吴志杰：《"SARS"与"非典"——关于术语定名问题的探讨》，《中国语文》2003 年第 6 期。

[3] 李宇明：《术语规范与术语立法》，《中国科技术语》2017 年第 1 期。

[4] 李宇明：《中国语言规划论》，商务印书馆 2010 年版。

[5] 刘丹青：《"新冠肺炎"——一个呼之欲出的简称》，《语言战略研究》2020 年第 2 期。

[6] 刘鹏程、孙梅、李程跃等：《H7N9 事件网络舆情分析及其对突发公共卫生事件应对的启示》，《中国卫生事业管理》2014 年第 10 期。

[7] 毛振华、苏晓洲、帅才：《疫情名称能否化繁为简》，《新华每日电讯》2020 年 2 月 2 日。

[8] 戚中田：《严重急性呼吸综合征冠状病毒 2 与 2019-冠状病毒病》，《第二军医大学学报》2020 年 2 月 19 日网络首发。

[9] 索尔·克里普克：《命名与必然性》，梅文译，上海译文出版社 2005 年版。

[10] 王春辉：《突发公共事件中的语言应急与社会治理》，《社会治理》2020 年第 3 期。

[11] 王辉：《发挥社会应急语言能力在突发公共事件中的作用》（2020-02-13）［2020-02-20］，https：//guancha. gmw. cn/2020-02/13/content_ 33552377. htm。

[12] Jiang S, Shi Z, Shu Y, et al. ：A distinct name is needed for the new coronavirus. The Lancet. （2020-02-19）［2020-02-25］，https：//www. thelancet. com/journals/lancet/article/PIISO140 - 6736（20）30419-0/fulltext。

On the Naming of Public Health Emergencies

ZHAO Yun

（Institute of Linguistics, Shanghai

International Studies University）

Abstract：The naming of Public Health Emergency is an important task in epidemic prevention and control. In the past, some public health emergencies in the world also had some problems of improper naming. The International Committee on Taxonomy of viruses and WHO have constantly revised the naming rules that are more scientific and of more social acceptance. These experiences reflect that the naming of public health emergencies needs to deal with the relationship between virus naming and disease naming, domestic naming and international naming, official naming and folk names. China should establish and improve the naming standard and naming mechanism as soon as possible, and improve the cooperation mechanism between China and international organizations. After the establishment of relevant names, they should be timely spread to the public through media, press conferences and influential social platforms.

Key words：novel coronavirus pneumonia; public health emergencies; naming; WHO

作者简介

赵运，上海外国语大学语言研究院博士后。主要研究方向：国际组织语言政策、语言规范标准。

（学术编辑　徐欣路）

关于加强我国藏区应急语言服务能力的思考

达瓦卓玛　中央民族大学中国少数民族语言文学学院

[摘　要]　调查显示，从获取防疫信息的途径看，五省（区）藏区群众以短视频和公众号获取防疫信息的比例较高，而广播、电视作为传统媒体，原有优势已经被取代；从媒介用语看，五省（区）藏区群众以藏语方言获取防疫信息的位居首位，而后依次分别是普通话、地方官话、"地脚话"和书面藏语。当前我国五省（区）藏区在提供应急语言服务方面还存在不少问题，应因地制宜建立健全藏语应急治理体制机制，深化藏语言技术研究，增强藏语言应急能力储备，加强应急话语的宣传力度，统筹整合社会各方协同参与。

[关键词]　应急语言服务；应急藏语服务；藏区

一、引言

新冠肺炎疫情暴发以来，位居世界净土的青藏高原也没能逃脱疫情的肆虐，藏区群众与全国其他地区群众一起，加入了疫情防控阻击战。在应对突发性公共事件时，少数民族地区往往面临着诸多难题，其中语言沟通是一大障碍。面对新形势，加强藏族等少数民族地区的应急语言服务能力是摆在民族语言研究工作者面前的重大任务。

藏族主要聚居在我国的西藏自治区和青海、云南、四川、甘肃等五省（区）。藏族居住的区域地域广阔，环境复杂，突发公共事件发生的不确定性较高。全国五省（区）藏区由于地理环境、人口数量、社会发展水平和聚居情况的差异，语言使用情况呈现出各自不同的特点，普通话的普及率在五省（区）藏区还不够高，尤其是在偏远牧区普及率则更低。再加上各地区突发公共事件类型多样，方言土语繁多，在应急救援中，语言沟通成为了一大难点。政府派遣的工作人员与少数民族地区的民众交流效率不够高，方言不通、医疗等领域专业术语翻译不规范等问题，会使得群众无法及时获得有效的、完整的信息，突发公共事件处置工作难以高效展开。因此，因地制宜地建立健全藏区应急语言服务体系，提升藏语服务能力至关重要。本文基于全国五省（区）藏区民众新冠肺炎疫情防控知识获取方式调查，分析总结了五省（区）藏区在新冠肺炎疫情防控语言服务中存在的问题，并提出了应对的建议，旨在为藏区及其他少数民族地区应对类似突发公共事件提供参考。

二、五省（区）藏区群众获得应急语言服务的情况

本次问卷调查采取线上线下相结合的调查及访谈方式，调查期限为2020年3月1日至6月1日。调查覆盖全国五省（区）藏区，调查对象分为大学生、公务员、单位职员（指企事业单位工作人员）、僧人、商人、农民、牧民等群体，每个群体发放问卷280份，统计的内容为群众首选电视、广播、短视频（包括通过抖音、快手等短视频专门平台传播的短视频和通过微信等社交软件传播的短视频）、公众号、现场宣传、朋友等途径获得防疫信息情况，以及五省（区）藏区的

群众首选普通话、地方官话、书面藏语、藏语方言、"地脚话"等媒介语言（方言）获取防疫信息的情况。按照上述统计的内容，关于首选途径的调查共有有效问卷1595份，关于首选媒介语言的调查共有有效问卷1565份①。现将全国五省（区）藏区群众通过各种途径和各种媒介语言（方言）获取防疫信息的数据进行列表呈现和简要分析。

表一   以各途径作为首要途径获取防疫信息的各群体人数和比例

	有效问卷数量	电视		广播		短视频		公众号		现场宣传		朋友	
		人数	百分比	人数	百分比	人数	百分比	人数	百分比	人数	百分比	人数	百分比
学生	178	20	11.2%	10	5.6%	60	33.7%	35	19.7%	15	8.4%	38	21.4%
公务员	200	33	16.5%	20	10.0%	39	19.5%	31	15.5%	40	20.0%	37	18.5%
单位职员	218	38	17.4%	20	9.2%	50	22.9%	43	19.7%	37	17.0%	30	13.8%
僧人	236	27	11.4%	19	8.1%	57	24.2%	46	19.4%	37	15.7%	50	21.2%
农民	242	37	15.3%	10	4.1%	60	24.8%	39	16.1%	53	21.9%	43	17.8%
牧民	258	27	10.5%	20	7.8%	68	26.4%	53	20.5%	32	12.4%	58	22.4%
商人	263	22	8.4%	21	8.1%	74	28.1%	64	24.3%	39	14.8%	43	16.3%

表二   以各途径作为首要途径获取防疫信息的总人数和总比例

	电视	广播	短视频	公众号	现场宣传	朋友
总人数	204	120	408	311	253	299
总比例	12.8%	7.5%	25.6%	19.5%	15.9%	18.7%

如表一和表二所示，短视频和公众号作为新媒体途径，在五省（区）藏区各群体中被作为获取防疫信息首要途径的总比例最高，以短视频为首要途径的人占到了25.6%，以公众号为首要途径的人占到了19.5%。从各群体看，学生和商人中以短视频为首要途径者的比例高于其他群体，分别为33.7%和28.1%；商人和牧民中以公众号为首要途径者的比例高于其他群体，分别为24.3%和20.5%。相反，电视和广播作为传统媒体，原有优势已经被取代，以电视为首要途径的人仅占12.8%，以广播为首要途径的人更是低至7.5%。从各群体看，商人和农民中以电视为首要途径者的比例低于其他群体，分别为8.4%和10.5%；农民和学生以广播为首要途径者的比例低于其他群体，分别为4.1%和5.6%。

访谈调查的印象与上述问卷调查的结果是基本一致的。五省（区）藏区的群众在获取防疫信息时，除了通过各地省、市（州）、县级政府部门组织的电视宣传、广播宣传、现场宣传资料分发等传统方式获得

① 造成部分问卷无效的主要原因是被调查人作答时给出了多选的答案，无法体现"首选"的统计需求。

防疫信息外，通过短视频、公众号等自媒体发布的　　　　"方言防疫"等音视频材料获得信息的情况非常多见。

表三　　　　　　　　　　　　**以各媒介语言（方言）获取防疫信息的比例**

	有效问卷数量	普通话		地方官话		书面藏语		藏语方言		"地脚话"	
		人数	百分比	人数	百分比	人数	百分比	人数	百分比	人数	百分比
学生	179	53	29.6%	37	20.6%	29	16.3%	34	19.0%	26	14.5%
公务员	188	62	33.0%	46	24.5%	20	10.6%	32	17.0%	28	14.9%
单位职员	230	83	36.1%	65	28.3%	25	10.9%	33	14.3%	24	10.4%
僧人	249	38	15.3%	42	16.9%	59	23.6%	63	25.3%	47	18.9%
农民	228	30	13.2%	50	21.9%	31	13.6%	65	28.5%	52	22.8%
牧民	258	29	11.2%	47	18.2%	29	11.2%	80	31.1%	73	28.3%
商人	233	48	20.6%	56	24.0%	26	11.2%	65	27.9%	38	16.3%

表四　　　　　**以各媒介语言（方言）作为首要途径获取防疫信息的总人数和总比例**

	普通话	地方官话	书面藏语	藏语方言	"地脚话"
总人数	343	343	219	372	288
总比例	21.9%	21.9%	14.0%	23.8%	18.4%

　　如表三和表四所示，藏语方言、普通话和地方官话在五省（区）藏区各群体中被作为获取防疫信息首要媒介语言（方言）的总比例最高，以藏语方言为首要媒介语言（方言）的人占到了 23.8%，以普通话和地方官话为首要媒介语言（方言）的人各占到 21.9%。从各群体看，牧民、农民和商人中以藏语方言为首要媒介语言（方言）者的比例高于其他群体，分别为 31.1%、28.5% 和 27.9%；单位职员、公务员和学生中以普通话为首要媒介语言（方言）者的比例高于其他群体，分别为 36.1%、33.0% 和 29.6%；单位职员、公务员和商人以地方官话为首要媒介语言（方言）者的比例高于其他群体，分别为 28.3%、24.5% 和 24.0%。以"地脚话"和书面藏语为首要媒介语言（方言）的总比例较低，分别为 18.4% 和 14.0%。值得关注的是，牧民和农民群体以"地脚话"为首要媒介语言（方言）的比例较高，分别达到

28.3% 和 22.8%，而僧人群体以书面藏语为首要媒介语言（方言）的比例也较高，达到 23.6%。

　　根据访谈调查，五省（区）藏区的群众乐意以各地区使用的藏语方言和"地脚话"掌握疫情信息的比例较高，尤其是以各地区的藏语方言和"地脚话"录制的防疫知识音视频材料效果甚佳。

　　此外，在调查中得知，自新冠肺炎疫情暴发后，社会各界使用多种语言（方言）传播疫情防控信息的情况很常见。由各新媒体在疫情发生后第一时间发布的用地方语言录制的音视频材料非常多，如："山美龙石"微信公众号制作了卫藏方言（拉萨话、那曲话）、安多方言（牧区话）、康巴方言（德格话、巴塘话、白玉话等）等多语言版疫情防控宣传动画短片；除此之外，还录制了"地脚话"疫情防控知识，使用的"地脚话"如道孚语、扎坝语、嘉绒语（四土话）、东西部木雅语、雅江倒话等。此后四川党建期刊集团

藏地阳光全媒体中心等融媒体单位也迅速开设了疫情防控音视频栏目，加强防疫宣传。一些专家学者、社会工作者、高校志愿者等也通过微信等平台用当地方言土语讲解疫情防控知识，并每日通过微信群等渠道发送关于全国抗击疫情情况的信息。在甘肃藏区，疫情防控知识音视频材料使用了卓尼话、迭部话、舟曲话、东乡语等，而偏远农牧地区村委会工作人员以传统的骑马喇叭喊话等方式进行防疫宣传的也很多。云南藏区疫情防控知识音视频材料使用了东旺话、建塘话、德钦话等。西藏自治区疫情防控知识音视频材料则使用了拉萨话、那曲话、夏尔巴语、拉莫语、芒康话、察雅话等。

调查显示，现今通过微信、微博、抖音、快手等自媒体推出的疫情防控知识凸显个性化、区域化特征，在打赢疫情防控阻击战中起到了重要的作用。这突显出了多语种、多方言翻译服务的重要性。但不容忽视的是，自媒体宣讲知识偏离话语中心，缺乏统一标准，民众也未必能以此为途径收到及时、精准的信息，不利于突发公共卫生事件的应急处置。

三、藏区应急语言服务存在的问题

根据以上调查及分析，五省（区）藏区群众在新冠肺炎疫情中获取的应急语言服务整体情况尚可。但通过访谈及全方位了解，我们认为目前藏语应急语言服务也存在诸多不足之处，现总结如下。

（一）缺乏应急语言服务型人才

目前，五省（区）藏区的双语人才储备较为充足，但缺乏有效的组织及调动，尤其是缺乏语言文字应急服务团队。如在此次突发的新冠肺炎疫情中，藏区无专门的应急语言服务团队，有时难以及时有效地传达上级政令，即使临时找了会说双语的翻译员，但因涉及医学等专业术语问题，也无法正确有效地与各方面进行沟通。

现有的能提供语言服务的人员分布也较为分散，

且缺乏有效的组织和调配机制。在疫情期间，社会知识分子、大学生、寺庙僧人等群众自发担任志愿者，通过微信、公众号、短视频等融媒体平台进行有关疫情防控知识的宣传，虽然收效不错，但这样的民间力量毕竟缺乏组织性和长效性，最终影响语言服务的深度和广度。

（二）应急语言服务单一化

自新冠肺炎疫情暴发以来，由高校和企业机构共同组成"战疫语言服务团"，为武汉等地医护人员和民众抗击疫情提供了语言服务。（李宇明、赵世举、赫琳，2020）线上线下汉语方言服务和翻译软件、疫情查询软件、语言相关衍生品相继推出，推动了此次抗击疫情工作有效开展。然而，在藏区，疫情期间提供的语言服务形式非常单一。根据调查显示，五省（区）藏区常见的应急语言服务有传统的横幅标语、喇叭广播、防疫宣传手册等。其中群众喜闻乐见的防疫宣传方式是采用各地方言进行录制的短视频、微信视频和大喇叭式宣传。通过此次疫情，我们应该反思藏语言文字的研究，除了语言本体结构的研究外，还应加强藏语言文字信息化等与群众社会生活密切相关的现实问题的研究，以期在突发公共事件面前以大数据、智能翻译等更加现代化、科技化的技术手段来助力应急处置，如研制既能够提供藏文版全球疫情信息，又能具备藏语方言互译功能的语言产品。

（三）无健全的应急语言服务框架和完善的服务目标

疫情暴发以来，五省（区）藏区的各媒体及宣传窗口通过不同媒介，使用不同的语言，最大程度上为藏区民众提供了疫情信息和疫情防控知识等方面的应急语言服务，这对遏制疫情向藏区蔓延起到了一定作用。然而，从长远发展看，各省（区）藏族地区提供的应急语言服务无明确清晰的服务对象和健全的应急服务体制机制。如把什么程度的内容翻译成什么语言，通过什么媒介扩散，以及根据不同的服务对象需要什么样的语言服务等等，均无明确的把握和目标，尤其是对藏区偏远农牧地区群众所提供的应急语言服务更是深浅不一。

四、关于加强应急语言服务的建议

习近平总书记在中央全面深化改革委员会第十二次会议上强调"加强国家应急管理能力，发挥我国应急管理体系的特色和优势，积极推进我国应急管理体系和能力现代化"。面对少数民族地区自然灾害等突发公共事件频繁发生却缺乏相应应急语言服务的现状，我们亟须建立一套适用于民族地区的应对突发公共事件的应急语言服务管理机制，最大限度地降低突发事件造成的损失和影响。本文就此提出如下建议。

（一）建立健全藏语应急治理体制机制

目前，我国虽已建立国家层面应急管理的"一案三制"，但尚有许多有待完善的地方，针对少数民族地区提供的民族应急语言服务就亟待加强。各涉及藏区的地方，语言文字工作部门应根据各地区状况专设提供藏语言应急服务的组织，设计一系列体制机制，并提供资金保障，确保在藏区发生重大突发公共事件时能及时有组织、有计划、有针对性地提供应急语言服务。此次新冠肺炎疫情中，群众更乐意接受"方言翻译"形式的应急语言服务，对此我们应深思疫情给应急语言服务工作带来的机遇与挑战。所谓机遇就是群众自发组织录制方言音视频材料进行疫情防控知识的宣传和普及，让越来越多的方言土语得到了关注，藏区许多面临濒危的方言也因此被挖掘记录，从而得到了一定的保护。而挑战就是现有的方言版疫情防控知识是非专业人员录制的，从长远看难以有效形成语言资源。可以说，借助疫情防控带来的机遇，加强藏语方言应急服务和相关体制机制建设已经迫在眉睫。

（二）深化藏语言技术研究

通过此次新冠肺炎疫情防控，我们深知藏语言文字在信息技术领域的研究还有待加强。机器翻译、即时通信、信息实时查询翻译软件的研发是提高藏文信息化水平的重要途径。在信息科学技术突飞猛进的时代，我们应充分利用互联网、大数据、云技术的优势，以在突发公共事件发生的第一时间及时提供高效、精准的藏语应急服务。鉴于藏民大多居住分散，相隔较远，在突发公共事件的紧急状态下要及时有效地传达上级的政令，更需加强藏语言文字在信息技术领域的研究。应依托现有研究机构和高校等资源，研发制作民族语文智能语音翻译系统，设立突发公共事件藏汉之间、汉语与藏语方言之间的互译基地，编写应用于各种应急语言服务信息技术产品的医疗常用语、自然灾害应急救援常用语等汉藏对照的词表。目前如"藏译通"App 等藏汉互译语音翻译软件中有医疗专业常用对话的藏汉语音。这不仅在公共卫生事件处置中发挥了巨大作用，同时也加快了藏文信息的传播，为藏语言技术研究积累了丰富经验，非常值得借鉴。

（三）增强藏语言应急能力储备

首先应加强语言本体储备。藏区语言资源丰富，各地区方言土语众多。疫情当前，我们应联合各民族高校、科研单位加强收集五省（区）藏区方言土语资源，建立藏语言数据库。该数据库应覆盖藏区社会生活的基本专业用语，尤其要下力气收录翻译各地应急领域方言用语。此项工程一方面对语言保护具有重要的意义，另一方面能够为突发公共事件应急处置提供强有力的语言数据支撑，解决应急过程中的语言沟通问题。

此外，按照使用领域，要加强应急医疗卫生、灾害救援等领域的用语规范。对于各领域用语的翻译规范问题，我们可从传统文化中汲取有用的成分。如医学类疾病专业术语的翻译问题，藏文史料中能够见到的藏区最早的传染病事件发生于吐蕃第三十任赞普仲聂底乌赞（公元 516 年至 556 年在位）时期，当时的防疫手段虽无法与今日相比，但当时藏族民众也总结了一套符合藏族社会文化生活的防疫常识和话语。我们应以史为鉴，从藏族传统医学典籍文化中"取其精华，去其糟粕"。

其次还应加强语言人才储备。培养少数民族干部的应急语言服务能力至关重要。因少数民族地区涉及宗教信仰、文化传统习俗、语言沟通等问题，在应对突发公共事件时面临的情况比其他地区更为特殊和复杂，而少数民族干部熟悉了解当地的文化传统习俗、宗教信仰，语言沟通也无障碍，更易同少数民族群众沟通交流，更能有效传达上级下达的应急信息。此外，应鼓励在少数民族地区工作的汉族等其他民族工作者掌握当地人文历史、民风民俗、日常用语等，从而在突发公共事件发生时，避免因语言沟通障碍产生矛盾，影响救灾工作顺畅展开。

（四）加强应急话语的宣传力度

五省（区）藏区处于自然灾害频发区域，各省市和相关单位每年也进行了防灾减灾的宣传教育活动，但民众对自然灾害的危害性及防灾减灾常识仍然了解得较少，防范意识相对薄弱。我们也调查了藏区群众关于此次新冠肺炎疫情的认知，结果显示，相当一部分群众仍旧没有能够很好地掌握新冠病毒防范措施。此外，相当数量的农牧民对国家防震减灾等相关法律法规以及如何应对自然灾害知之甚少，当新冠肺炎疫情发生时不少农牧民心存侥幸心理，缺乏主动了解防疫知识的愿望。鉴于此，各地要立足实际，因地制宜，以农牧民群众乐意接受的语言形式开展防灾减灾应急话语宣传及演练活动，努力营造全民参与防灾减灾的文化氛围，使防灾减灾意识深入人心。各地的藏语广播电台和电视台需以群众喜闻乐见的方式播放救灾防灾的专业用语及知识。如藏地阳光全媒体中心采用格萨尔说唱、藏语脱口秀、小品、相声、诗歌朗诵、藏文书法、绘画等方式制作音视频，宣传防疫知识，经验十分值得借鉴。又如此次疫情中五省（区）藏区相关力量加强了方言服务的供给，让疫情防控知识普及到更多的农牧民群众中，这种做法也十分值得推广。

（五）统筹整合社会各方协同参与

加强藏语方言应急服务能力是一项涉及诸多领域的系统性工程，既要考虑到语言建设本身的特殊性，又要考虑社会治理和突发事件应急的一般规律和要求。尤其是藏区的社会治理具有特殊性，更是需要整合多方资源，建立一套由政府牵头，高校、社会知识分子、企业、媒体、卫生系统等共同参与的应急语言服务体系，就藏区方言翻译、话语传播、语言工具开发、应急语言人才建设等方面稳步开展工作，为民众提供高效、精准、高品质的应急语言服务。

五、结语

随着国家通用语言文字普及率的稳步提升，突发公共事件应对中的语言沟通效率必定也会不断提高。但我们仍应看到，在国家通用语言文字之外，少数民族语言文字、汉语方言、外语等不同种类的语言文字在应急管理中都有各自不可替代的重要作用，针对上述语言提供应急语言服务有着非常重要的意义。应急语言服务体制机制和能力建设应是国家治理体系和治理能力现代化的重要体现。我们相信，经过若干年的建设，包括藏语在内的少数民族语言文字应急服务水平一定会有大的提升。

参考文献
[1] 李宇明：《重视突发公共事件中的语言应急问题》，《语言战略研究》2020 年第 2 期。
[2] 李宇明、赵世举、赫琳：《"战疫语言服务团"的实践与思考》，《语言战略研究》2020 年第 3 期。

Thoughts on Strengthening the Ability of Emergency Language Service in Tibetan Areas of China

Dawa Dorlma

(School of Chinese Ethnic Minority Languages and Literatures, Minzu University of China)

Abstract：The paper shows that from the perspective of obtaining epidemic prevention information, the five provinces (Tibetan regions) have a relatively high proportion of information on epidemic prevention through short video and official account, while traditional media, like radio and television have been replaced. From the perspective of media language, Tibetan dialects are the most popular way to obtain epidemic prevention information, followed by Putonghua, local Mandarin, local dialects and written Tibetan. At present, there are still some problems in the provision of emergency language services in the Tibetan areas of five provinces (regions) in China. We should establish and improve the Tibetan emergency governance system in line with local conditions, deepen the research of Tibetan language technology, enhance the reserve of Tibetan language emergency capacity, strengthen the publicity of emergency discourse, and integrate the collaborative participation of all social parties.

Key words：Emergency language service; emergency Tibetan language service; Tibetan areas

作者简介

达瓦卓玛，中央民族大学中国少数民族语言文学学院讲师，博士。主要研究方向：藏语语言学。

（学术编辑　徐欣路）

美国有限英语能力社区应急语言服务规划文件解读

王非凡　香港大学教育学院

[摘　要]　本文主要以《针对有限英语能力社区应急准备、响应与恢复阶段的策略及手段》这一文件为考察对象，分析美国针对有限英语能力社区应急语言服务规划的整体思路与重点安排。应急语言服务规划有两个重点：(1) 理清供需关系。应当在充分调研的基础上，确定供需的规模及层次，对相应物力、人力资源做好规划及配置。(2) 服务下沉至社区。应提前配置社区响应小组，按照社区实际需求，准备详细预案，确保社区应急语言服务的普及性与时效性。国内相关团体应尽快开展广泛及深入的调研考察，立足当地实际情况，切实加强应急语言服务规划的建设。

[关键词]　语言规划；语言服务；应急；有限英语能力

一、引言

紧急状态下的应急语言服务规划问题在 2020 年新冠肺炎疫情发生后迅速受到了学界的重视。在抗击疫情过程中，教育部指导下由跨单位的诸多学者组成的"战疫语言服务团"一系列语言服务实践，充分突显了应急语言服务规划的重要性与紧迫性。

美国在应急语言服务规划方面有较多的理论建设与实践，具备相对丰富的经验。美国司法部民权司联邦政府协调和监察组 (Federal Coordination and Compliance Section, Civil Rights Division, U. S. Department of Justice) 在 2016 年提出过一份指导性文件，名为《针对有限英语能力社区应急准备、响应与恢复阶段的策略及手段》(Tips and Tools for Reaching Limited English Proficient Communities in Emergency Preparedness, Response, and Recovery，以下称《应急语言指导》)，较为全面地介绍了美国在紧急状态下针对有限英语能力群体的应急语言服务规划，同时也附上了较多的补充资料链接。本文试图通过对这一文件及相关补充资料的梳理与解读，为中国应急语言服务能力建设提供一些参考。

二、有限英语能力者与应急语言服务

有 限 英 语 能 力 (Limited English proficient, LEP) 主要指在英语听说读写任一方面或几方面有困难。在紧急状态下，有限英语能力者和其他人一样，都应当享有平等而充分的福利 (benefits)、服务 (services) 及信息 (information)。在美国部分行政辖区的相关条例中，往往会单独明列一类群体，此类群体有"识用及功能需求" (access and functional needs)。这类群体中不仅包含残障人士、儿童及老年人，也包括有限英语能力群体。确保这类群体对应急语言的可识可用 (language access)，能有效降低紧急事件带来的危险与损失，保障全社会的稳定与安全。

为什么紧急状态下的应急语言服务不可或缺？《应急语言指导》指出，与公众进行信息交流本身就是应急管理 (emergency management) 的重中之重，及时与有效的信息交流是应对紧急事件的一项有力举措。这里的紧急事件含义是广泛的，包括且不限于自然灾害、公共卫生事件及紧急社会事件等等。仅以公共卫生事件为例，世界卫生组织（World Health Organization, WHO）在针对新冠肺炎疫情特别颁布的《风险沟通和社区参与领域针对 2019 新型冠状病毒（2019-nCoV）的准备状况和应对措施（临时指导文件第二版）》（2020）就强调，"在应对任何事件的公共卫生行动中，最重要和最有效的干预措施之一是主动沟通已知情况、未知情况和正在采取的措施，以便获取更多信息，目的是挽救生命和尽量减少不良后果。"无论是风险沟通（risk communication）还是公共宣传（public information），都需要有相应的应急语言服务。这种应急语言服务应当全程参与整个紧急事件的所有阶段，包含：准备（Preparedness）阶段、响应（Response）阶段，以及恢复（Recovery）阶段。

三、应急语言服务的"供需关系"

《应急语言指导》针对应急语言服务，首先提出的两点重要建议为：

（1）明确所在服务区域内的语言社群

（Identifying the language groups in your service area）

（2）确保有限英语能力个人能现时参与项目并获取服务

（Ensuring LEP individuals can access your programs and services now）

我们认为，这两点实际上是围绕着应急语言服务"供需关系"角度的两个问题展开的，即"有多少目标群体，他们需要什么服务"和"目前能为他们提供什么服务"。对这两个问题的考察，应当是处理和规划应急语言服务问题的一个核心。对供需关系的不明确与不清晰将直接影响应急语言服务的效果与质量。以下将具体从这两个方面展开介绍与论述。

（一）应急语言服务需求

在需求层面，即上文第一点所述明确区域内的语言社群，实际上需要相当程度的调研数据作为支撑。《应急语言指导》认为应当依托人口数据（demographic data），持续追踪不同的有限英语能力社群之间或与其他社群的互动情况。从美国司法部民权司联邦政府协调和监察组的实际操作层面来看，应急语言服务规划赖以支撑的数据是"美国社区调查数据"（American Community Survey Data）。这些数据以地图与表格的呈现方式存放在公共网站上，供人们随时查阅参考①。

以 2015 年数据为例，美国全国有限英语能力群体分布均以网格热图的形式展示在地图上。从美国全国情况来看，有限英语能力者相对集中于东西海岸沿海地区，几乎每一个州均有分布。在有限英语能力者相对较多的加利福尼亚州，不仅有本州总体的数据，也有下属县市的数据直观呈现。所有的文字数据均可供公开下载，表 1 即为加州有限英语能力者数量相对最多的洛杉矶县统计情况。有限英语能力者以其母语分类，各母语群体均有数据呈现。即便在表格中有所谓"其他所有语言"这样的概括说法，但实际数据中针对此项也有更进一步的说明。

表 1　　　　2015 年加利福尼亚州洛杉矶县有限英语能力人口统计情况

洛杉矶县					
有限英语能力者总人数：2379799					
语言	西班牙语	汉语	韩语	亚美尼亚语	塔加拉族语	其他语言
原始计数	1627354	219912	110976	84435	73397	263725
百分比（%）	68	9	5	4	3	11

① 网址：https：//www.lep.gov/maps/

我们认为，详尽的调研数据对应急语言服务规划有着至关重要的作用。只有明确所在区域内群体的特征，了解他们真实的语言服务需求，才有可能切实制定相关的应急规划预案，以合理的供给精准满足需求，从而提高效率，节省相关资源。

从国内的情况来看，以上海为例，在《上海统计年鉴2018》中列举了五个主要年份（2005、2010、2015、2016、2017）在沪外国常住人口，分类标准有"国别"与"工作性质"。从"国别"这一标准，大致可以推知这些群体的外语需求。至于更为具体的语言情况，或者说我们所希望看到的汉语能力情况，《上海年鉴（2015）》中"社会调查"一章曾展示过在沪外籍人士在华时间与学习中文的比例，也调查了未学习中文者学习中文的意愿。这些都是很好的调研数据，但从应急语言服务规划的角度来说还是颇显不足。

因此，国内语言学相关专业机构与团队应尽快展开实际的语言情况调查，建立详细的数据信息库，为不同区域今后在应急语言服务规划层面提供有力的数据支撑。这样的调研应该是长期追踪性的，定期更新的。另外值得关注的是，"美国社区调查数据"中体现的对英语能力不足者的确认有两条指标：（1）在家中不使用英语交流（5年或以上）；（2）所说英语在"非常好"等级以下。这里涉及调研时指标的制定与量表的设计。未来国内的研究应当考虑不同群体在不同方面的语言服务需求。不管是医疗卫生还是公共宣传，这些不同方向与层次的需求都会影响应急语言服务规划时的资源占比配重。这些都是专业机构与团队需要考虑的问题。

（二）应急语言服务供给

《应急语言指导》谈及供给问题时主要侧重在两个方面：（1）对现有服务及规划资源的检视；（2）服务的扩展及人才资源配置。

在对现有服务及规划资源的检视方面，应当全面考察相关机构部门现有的语言服务状况，如公安部门、医院急诊部门、急救电话接线中心、政府门户网站等。国内不乏这样的现状考察调研分析，如屈哨兵（2018，广州语言生活），王海兰、屈哨兵、谭韵华（2019，政府门户网站），王海兰、胡嘉仪、赵一忆（2020，企业客服电话）等。国外相关考察与综述也较为丰富，如 Shiu-Thornton et al.（2007，医疗口译服务），Hampers et al.（1999，儿科急诊语言服务）、Ramirez et al.（2008，急诊口译服务）等。

以医疗机构的语言服务为例，如美国研究协会（American Institutes for Research，AIR）在2005年发布了长达249页的《医护机构实施以病人为中心的语言服务相关指引》（A patient-centered guide to implementing language access services in healthcare organizations，以下简称《医护语言服务指引》），将相关服务重点资源分为了六类：（1）口译服务（Interpretation Services）；（2）书面材料（Written Materials）；（3）指示与导引（Signage and Wayfinding）；（4）针对有限英语能力者的服务提示（Notice of Language Access Services to LEP Patients）；（5）社区参与（Community Involvement）；（6）书面语言协助方案（Written Language Assistance Plan）。针对每一类资源，都有相应的执行备忘清单用于检查现有执行状况，同时也备有相应的评估问题，为管理者或相关研究者提供一个评估的标准框架。我们期望，未来在国内施行这一类的调研考察分析时，相对能有一个统一的框架范式与调研方法，根据不同的调研对象，以相对一致的调查方法（量化分析或质性分析），获得可资比较的结论。

在人才资源配置层面，李宇明、王海兰（2020）提出有三方面的人才配置梯度层次：（1）消防员、警察、医疗人员等专业人才，对其进行应急语言培训；（2）专门的语言应急人员；（3）语言应急服务志愿者。其中前两类可认为是"专业语言+技能"型人才。这样的人才配置梯度层次与《应急语言指导》中的建议是相似的，都强调了经济性原则。毕竟紧急事件不是天天发生，专门的语言应急人员如果设置太多，势必造成资源的浪费。因此，加大对既有专业人员的应急语言培训是相对合理高效的做法。同时需要考虑到，在紧急事件中，人员的调度通常紧张而拥挤，即便有专门的应急人员，也可能存在调度缓慢、到位延迟等情况。此时志愿者就充分显现出了灵活性，对紧急事件的应急语言服务可以起到非常重要的作用。

仍以医疗机构语言服务为例，《医护语言服务指引》中仅口译服务就有如下细分：

（1）双语工作人员及临床医生（Bilingual staff and clinicians）

（2）专用口译人员（Dedicated staff interpreters）

（3）本机构工作人员兼职口译（staff who also function as interpreters）

（4）临时合同制口译人员（Contract interpreters）

（5）电话口译服务专线（Telephone interpretation lines）

（6）社区志愿者（Community volunteers）

（7）语言服务机构（Language agencies）

（8）新兴技术（Emerging technology）

如远程医学同声传译（remote simultaneous medical interpretation，RSMI）

（9）家人朋友临时口译服务（Family and friends as interpreters）

（10）业余时间口译服务（After-hours interpretation services）

对医护机构来说，必须根据自身的情况进行各类服务的不同配置。既需要充分调查明确本机构患者在语言服务层面的日常需求，又需要根据机构本身的资源与能力，做到合理安排，最大程度保障患者在平时及紧急事件中的应有权益。

语言学相关专业机构与团队在这方面可以有很多作为。比如：不同类型语言服务的设计与配置，对不同领域专业职员的应急语言培训，语言应急相关资质的学习与认证方案设计，志愿者的应急语言服务规划与培训等等，这些都是需要经过相关研究论证后制定

详细标准与执行方案的。仅以电话客服口译服务为例，有限英语能力官方网站①上就给出了关于电话客服口译服务现场考核的一些易错标准，如：（1）无法正确辨认有限英语能力者所说语言；（2）不合理的较长等待时间；（3）无法提供某些语言的服务；（4）错误或失准口译；（5）内容或语气上的失误；（6）陈旧、过时的术语等等。这些标准的设定与细化都需要语言学专业机构与团队在足量调查与研究的基础上进行，并且需要保持一定程度的追踪研究，以做到定期评估与修改。这对整个应急语言规划质量与服务质量的提升尤为重要。

四、社区参与：关键的"下沉"

在上述应急服务供求关系之外，《应急语言指导》特别强调一个概念叫做"服务延展"（Outreach）。上文中提到的应急语言服务供求关系有着明确的施受方，但是在实际的紧急情况中，人们往往既是应急语言服务的受惠者，也同时可能成为提供者。在紧急状况中，人们一来往往存在行动受限的情况，活动区域可能仅为个人所在社区（如 2020 年新冠肺炎疫情中，因封城和社区管制，活动空间被限定在社区范围）；二来在紧急情况初期，专业的服务团队或人员未必能够第一时间及时到位。在这种情况下，社区的自助与互助就变得非常重要。所谓的"服务延展"，我们更愿意将其称为一种"下沉"，即将应急语言服务下沉到每一个社区，在社区范围内人们及时因应最新的状况，利用已有的资源做最快的动作，以期第一时间降低社区内部的伤害与损失。

针对这样的情况，《应急语言指导》介绍了一个非常重要的概念叫做"社区紧急响应小组（Community Emergency Response Team，CERT）"。这个小组最大的作用就是发掘与组织本社区内一切可以利用的资源，通过前期的培训与规划，在紧急状况

---

① 网站地址：https：//www.lep.gov，搜索 "Tips on hiring the right telephonic interpretation vendor"。

下能够第一时间有效组织本社区开展最快的应急响应工作，并在应急过程中全程协助统筹资源，组织互助服务，安排志愿者团队，协助专业人士，发挥社区最大作用。美国对这类小组的组建与培训有着比较丰富的经验，过程中也根据实际情况做了非常多的调整与创新（参见 Simpson，2001；Flint & Stevenson，2010；Carr & Jenson，2015 等）。到目前为止，至少有 5 种语言以上的《社区紧急响应小组基础培训（参与人手册）》和《社区紧急响应小组讲师培训（讲师指南）》，作为《应急语言指导》的补充材料，可供公开下载参考①。由此可见美国对社区紧急响应小组的重视程度。

社区紧急响应小组基本上考虑到了众多不同类型的紧急情况，主要涵盖：（1）灾难医疗行动；（2）灾难心理学；（3）消防安全和公用设施控制；（4）轻度搜救行动；（5）恐怖主义。一旦发生紧急事件，社区紧急响应小组必须即刻按如下步骤进行第一时间评估与计划［参见《社区紧急响应小组基础培训（参与人手册）》］：

步骤 1：收集事实。发生了什么情况？大概涉及了多少人员？当前的情况如何？

步骤 2：评估和沟通损失情况。尝试决定发生了什么，正在发生什么，以及情况可能恶化到什么程度。

步骤 3：考虑可能发生的情境。可能会发生什么？各种事件相互牵扯可能会造成什么？

步骤 4：评估自身情况。是否正处在危险之中？是否针对这种情况接受过培训？是否拥有所需的设备？

步骤 5：确立优先要务。生命面临风险吗？个人是否可以提供帮助？

步骤 6：做出决定。根据对步骤 1 至 5 的回答以及团队所确定的优先次序来做出决定。

步骤 7：制定一套行动计划。制定一套计划帮助完成所确定的优先次序。某些简单计划可能是口头的，但更为复杂的计划应当采取书面形式。

步骤 8：采取行动。执行计划，记录任何偏差和状态调整，由此可以向紧急响应人员准确汇报情况。

步骤 9：评估进度。在间隙期间，根据行动计划中的目标完成情况来评估进度，确定哪些方面是奏效的，可能需要作出哪些调整来稳定当前情况。

以"灾难医疗行动"为例，当遇到公共卫生事件时，社区紧急响应小组备有成文的"个人清洁维护"与"社区公共卫生维护"文本，这些文本在平时即由社区工作人员与志愿者向社区所有成员进行宣导，并且根据社区内的语言使用情况与需求，由专业人员或志愿者翻译制作不同版本，并保证尽可能简洁，同时又重点突出。同时紧急响应小组也备有"个人防疫用品清单"与"社区防疫用品清单"，一旦疫情来袭，社区内各种语言需求的人都能够第一时间依照清单及时做好准备，社区层面也将能赢得更多的反应时间。在紧急情况过程中，也有不同的工作日志，及时记录与安排各种语言相关服务，同时还会配合政府与专家的资讯，及时整理成简洁易懂的各种语言版本，与社区内的所有群体进行足量的、有效的信息沟通，尽可能降低社区所受到的伤害与损失。针对可能产生的沟通与心理问题，事先也有专门针对志愿者的不同语言沟通与心理安抚技巧培训，缓解社区内不同语言社群的心理焦虑或恐慌。这些举措对于紧急状态下的社区应急救助，有着极为重要的作用。

我们认为，国内语言学专业机构与团队在这方面可以有所作为的调查研究方向至少有：（1）研究制定多语或多方言社区应急响应小组的应急语言服务规划方案，并比较不同语言或方言需求程度的社区之间的差异；（2）针对不同类型的紧急情况，研究制定多语种/多方言的固定文本应急信息；（3）社区专业人士

① 中文版下载地址：（1）基础培训参与人手册：https：//www.ready.gov/sites/default/files/2019.CERT_.Basic_.PM_.FINAL_.Simplified%20Chinese.508c.pdf；（2）讲师培训讲师手册：https：//www.ready.gov/sites/default/files/2019.CERT_.TraintheTrainer.IG_.Simplified%20Chinese.508c.pdf

与志愿者多语/多方言的应急用语培训以及心理沟通用语培训；（4）针对固定社区进行社区应急响应小组语言服务的长期跟踪；（5）比较应急语言服务在紧急事件不同阶段（准备、响应、恢复）的作用。

五、结语

美国针对紧急状况下的应急语言服务规划相对比较充分与细致，为中国相关方面的研究与建设提供了很多可资借鉴的经验。在应急语言服务的供需关系层面，需求的规模和层次需要理清，供给的资源需要相应地规划与配置，专业人员与志愿者的培训需要设计与补足。在尤为重要的社区响应层面，为了确保应急语言服务的有效下沉，相应的设计与组织也需要语言学专业的参与。

中国与美国在社会组织、文化与语言方面存在明显差异。美国"有限英语能力者"的概念在中国对应的是包括在华来华外国人、部分少数民族同胞、部分方言人士、听障视障人士等在内的使用中国国家通用语言文字有一定困难的群体。国内的相关力量需要广泛而深入地进行实地考察调研，结合本国国情，在实事求是的基础上切实加强我国的应急语言服务能力建设。

参考文献

[1] 李宇明、王海兰：《粤港澳大湾区的四大基本语言建设》，《语言战略研究》2020 年第 1 期。

[2] 屈哨兵：《广州语言生活状况报告（2018）》，商务印书馆 2018 年版。

[3] 世界卫生组织：《风险沟通和社区参与领域针对 2019 新型冠状病毒（2019-nCoV）的准备状况和应对措施（临时指导文件第二版）》（中文版）（2020-01-26）[2020-05-01]，https：//apps. who. int/iris/bitstream/handle/10665/330678/9789240000810-chi. pdf。

[4] 上海市统计局、国家统计局上海调查总队：《上海统计年鉴 2018》，中国统计出版社 2018 年版。

[5] 上海年鉴编纂委员会：《上海年鉴（2015）》，《上海年鉴》编辑部 2015 年版。

[6] 王海兰、屈哨兵、谭韵华：《粤港澳大湾区政府门户网站的语言服务》，国家语言文字工作委员会组编：《中国语言生活状况报告（2019）》，商务印书馆 2019 年版。

[7] 王海兰、胡嘉仪、赵一忆：《粤港澳大湾区企业客服电话的语言服务》，《中国语言服务发展报告（2020）》，商务印书馆 2020 年版。

[8] American Institutes for Research：Executive summary：A patient-centered guide to implementing language access services in healthcare organizations. Submitted to Office of Minority Health, U. S. Department of Health and Human Services（282-98-0029），2005.

[9] Carr, J., & Jensen, J.：Explaining the pre-disaster integration of community emergency response teams（CERTs）. *Natural Hazards*, 2015, 77（3）.

[10] Federal Coordination and Compliance Section, Civil Rights Division, U. S. Department of Justice：*Tips and Tools for Reaching Limited English Proficient Communities in Emergency Preparedness, Response, and Recovery*, Retrieved from https：//www. transit. dot. gov/sites/fta. dot. gov/files/Tips_ LEP_ emergency_ preparedness. pdf, 2016.

[11] Flint, C. G., & Stevenson, J.：Building community disaster preparedness with volunteers：Community Emergency Response Teams in Illinois. *Natural Hazards Review*, 2010, *11*（3）.

[12] Hampers, L. C., Cha, S., Gutglass, D. J., Binns, H. J., & Krug, S. E.：Language barriers and resource utilization in a pediatric emergency department. *Pediatrics*, 1999, *103*（6）.

[13] Ramirez, D., Engel, K. G., & Tang, T. S.：Language interpreter utilization in the emergency department setting：a clinical review. *Journal of health care for the poor and underserved*, 2008, 19（2）.

[14] Shiu-Thornton, S., Balabis, J., Senturia, K., Tamayo, A., & Oberle, M.：Disaster preparedness for limited English proficient communities：medical interpreters as cultural brokers and gatekeepers. *Public Health Reports*, 2007, *122*（4）.

[15] Simpson, D. M.：Community emergency response training（CERTs）：a recent history and review. *Natural Hazards Review*, 2001, *2*（2）.

The USA Experience on Language Planning for Public Emergency in Limited English Proficient (LEP) Communities

WANG Feifan

(Faculty of Education, The University of Hong Kong)

Abstract: This paper is intended to introduce the USA experience on language planning for public emergency in limited English proficient (LEP) communities, by interpreting the *Tips and Tools for Reaching Limited English Proficient Communities in Emergency Preparedness, Response, and Recovery* document. Language planning for public emergency emphasizes two key points. Firstly, it is the supply－demand relationship. The scale and level of demand, as well as allocation of human and material resources, should be determined on the basis of plentiful research. Secondly, it is outreach in communities. Community Emergency Response Team (CERT) should be built in advance, equipped with practical plans which can offer inclusive and timely language services for public emergency. It is time for related groups and teams in China to take actions, which will include but not limited to extensive and deep investigations in local communities, and practical language planning for public emergency in communities with diverse languages and dialects.

Key Words: Language Planning; Language Service; Public Emergency; Limited English proficiency

作者简介

王非凡，香港大学教育学院人类沟通、发展及资讯科学学部博士研究生。主要研究方向：言语及听觉科学，实验语音学，社会语言学。

（学术编辑　徐欣路）

民族地区应急语言服务专家笔谈

顺势借力，提升突发公共事件
少数民族语言应急能力

兰智奇　中国民族语文翻译局

语言是信息的主要载体，在突发公共事件的救援和应对过程中，各类语言承担着不可或缺的沟通作用，应急语言服务的重要性不言而喻。少数民族语言应急服务在应对少数民族地区公共突发事件中具有特殊重要性。《国家民委"十三五"少数民族语言文字工作规划》把"提供突发条件下的少数民族语言应急服务"列入"少数民族语言文字服务能力建设"的重点项目建设。除了疫情等全国性突发公共安全事件需要应对之外，少数民族地区大多位于地理环境复杂的边疆地带，自然灾害突发概率相对更高，由于其他外部因素，突发群体性事件并不鲜见，因此对应急服务的需求更为迫切。此外，加之少数民族地区多民族语言使用的现状，在一些地方和群众当中，少数民族应急语言服务更显得尤为重要。

2010 年"4.14 青海玉树大地震"，语言沟通障碍成为救援阻碍的重要问题之一，引起了广泛关注和思考。《中国语言生活状况报告》曾对此进行过分析，此后也成为探讨语言应急服务论题绕不开的经典例子。其实在此次地震中，不只是现场救援，后续救治、医疗，再到生活和心理的灾后重建，都面临同样的语言沟通障碍，对救灾应急的开展和效率产生较大不利影响。比如玉树大地震伤者送到医院后，语言沟通不畅导致延误最佳救治时机，灾后心理援助开展困难等。

从目前来看，在全面加强国家通用语言教育和使用的前提下，提供少数民族语言应急服务的相关工作和提升应急服务能力的研究仍然有待加强。当前，我国突发事件应急预案体系已大体建成，但该体系中尚缺乏国家突发事件语言应急机制和预案，少数民族语言应急机制预案也属短板。当前新冠肺炎疫情引发对突发公共事件应急语言的广泛关注和深入思考，将提升少数民族语言应急服务议题纳入其中也是现实需要。

一、少数民族语言应急是语言应急的重要且特殊的组成部分

学界共识，提升国家语言应急能力应制定"国家突发公共事件语言应急机制和预案"，或在相关法律法规中加入语言应急内容。少数民族语言应急作为应急语言的一个类别，与其他种类的语言应急（外语应急、方言应急、母语应急）有共性，更有差异性甚至是复杂性。在进行少数民族语言应急机制构思时，应结合各民族地区实际情况，充分考虑少数民族语言使用的现状，方能切中肯綮从而行之有效。政策法规层面的完善、规范和针对性，有助于及时准确传递信

息，强化应急沟通，提高少数民族地区公共突发事件的应急处置能力。

二、应整合少数民族语言资源，建立多方协同的少数民族语言应急的组织和服务体

本次新冠肺炎疫情中，为确保包括少数民族群众在内全国各族群众对疫情防控知识的全知晓、全覆盖、零障碍，中央及全国各省区相关单位，第一时间将疫情防控知识翻译成几十种少数民族语，利用广播、电视、微信、网络和走村入户的形式，全天候、全方位、全时段的宣传，及时协助解决民族地区、城市社区少数民族干部群众信息沟通中的语言问题。

中央广播电视总台的分语微信公众号用蒙古、藏、维吾尔、哈萨克、朝鲜五种民族语言节目对疫情防控进行充分播报。中国民族语文翻译局重新翻译审定蒙古、藏、维吾尔、哈萨克、朝鲜、彝、壮七种少数民族语言版本的《中华人民共和国野生动物保护法》《中华人民共和国传染病防治法》等，并及时提供给中央权威媒体和少数民族地区媒体发布。有关部门采取各项措施应对疫情期间民族语文在线翻译需求，为阻击新冠肺炎提供了优质的翻译服务保障。

内蒙古、青海、新疆、吉林、辽宁、四川、广西、云南等多个省、自治区党政部门及时翻译发布相关公文确保疫情防控政令畅通，积极翻译出版少数民族文字版防疫科普读物，以形式多样、通俗活泼的传播方式破解民族地区疫情防控宣传难题，为抗击疫情起到了积极的作用。

可以说，各层级少数民族语言资源在应急过程中主动承担起了语言应急的使命，但由于缺乏相应的少数民族语言应急服务机制和预案做支撑，这些少数民族语言应急服务没有形成有机协同体系，如再遇地震等应急需求加倍密集的突发公共事件，发挥的作用也还有较大提升空间。如何使各级民族语言应急服务资

源有机整合，协同发挥更大作用，值得深入思考。

三、要加强突发公共事件少数民族语言应急研究

本次新冠肺炎疫情中，"战疫语言服务团"及其研制发布的一系列堪称"快、准、狠"的语言服务产品引人瞩目。其中《抗击疫情湖北方言通》快速面世，很大程度上是基于国家语委下属相关研究中心等在人才、数据和技术上的积累。少数民族应急语言服务产品的研发难度更大、受众语言情况更复杂，也就更需要加强相关专业领域的研究。应在相关高校、研究机构增设突发公共事件少数民族语言应急相关研究课题，及时梳理总结少数民族应急语言服务的经验做法和思考，促成相关研究成果来反哺少数民族语言应急服务和成效；通过建设中的中国国家民族语文翻译基地、民族团结示范基地等广泛收集开展少数民族应急语言研究所需的基础数据；在民族语言、翻译相关学术期刊开设相关专栏；结合民族语文翻译大数据、云计算和语言智能少数民族语言开发成果，开展少数民族应急语言服务研究的智能化研究等。

四、建设突发事件少数民族应急语言支撑体系

这个体系包括突发事件少数民族语言应急数据库和突发事件少数民族语言应急人才库的建设。数据库的建设能够为突发事件应急提供强有力的少数民族语言数据支撑，解决少数民族地区应急救灾过程中的语言沟通问题。比如中国民族语文翻译局一系列民文翻译产品研发过程中所建立的语料库，可以作为突发事件少数民族语言应急数据库的基础，进一步开展针对性的研发。

突发事件少数民族语言应急人才库，可基于《国家民委"十三五"少数民族语言文字工作规划》的要求"建设少数民族语言能力人才资源库，支持推动社

会建立应急和特定领域专业少数民族语言人才的招募储备机制，提供突发条件下的少数民族语言应急服务"。基于少数民族地区语言使用的现实情况，结合已有的少数民族语言人才培养机制，少数民族语言应急人才应以高校培养为主，在课程设置中适当纳入应急培训内容，或开展应急培训专项科目。同时有意识地开展应急语言人才储备，平时重点考察人才的政治素质、知识素质，以便在应急需要的关键时刻招之能来、来之能用、用之能扛。

五、积极引导社会力量参与突发事件少数民族语言应急，建设引导社会协同参与的少数民族语言应急志愿服务体系

青海玉树大地震中，玉树州民兵充分发挥人熟、地熟、民俗熟和语言通等优势，分头为救灾部队当向导、做翻译，为救灾援助提供了极大的帮助。类似这样的社会力量，应纳入应急语言救援体系中，在关键时刻发挥重要作用。此外，引导少数民族地区救援队、医院等与应急救援紧密相关的社会团体，将少数民族语言应急意识和培训常态化。比如地处云南省红河哈尼族彝族自治州的第 59 医院，结合当地民众多数不会说汉语的实际情况，在医护人员中组建了一支少数民族语言翻译队，不仅方便救治当地群众，在当地发生突发紧急事件时能立刻派上用场。医院通过定期邀请民族语言老师开展语言培训储备人才，能同时开展 7 种民族语言的翻译工作。

在突发事件应急管理中，志愿者是非常重要的辅助和补充力量。此次疫情"战疫语言服务团"的出现，可以说迈出了语言应急服务一个里程碑似的新步伐。少数民族语言应急服务志愿者的招募和培训，应跟上这样的步伐，以自己的实践探索助力中国的语言志愿服务机制和体系。

各个省区的民族语文工作机构在少数民族语言应急服务中也大有可为。除对民族语文工作者有意识地进行应急内容的普及和培训，将其纳入少数民族语言应急人才库外，还可以组织对救援、救治等应急相关的社会团体、机构开展相关语言培训。

语言应急机制是国家治理体系和治理能力现代化的重要体现，提升包括少数民族语言应急在内的国家语言应急服务能力，也是加强民族团结，维护社会稳定，促进各民族交往、交流、交融，铸牢中华民族共同体意识的需要。此次应对新冠肺炎疫情开展相关理论探讨和实践探索，少数民族语言应急服务正可深入分析研判，逐步提升。

作者简介

兰智奇，中国民族语文翻译局党委书记、中国译协民族翻译委员会主任。主要研究方向：民族文化理论、政策。

（学术编辑　麻晓芳）

语言适应视野下的语言应急能力建设

王　锋　中国社会科学院民族学与人类学研究所

语言应急能力是国家语言能力建设的重要内容。《国家语言文字事业中长期改革和发展规划纲要（2012—2020 年）》将"国家语言应急服务和语言援助服务"列为重点工作之一。2008 年汶川大地震和 2020 年新冠肺炎疫情暴发，进一步突显了包括少数民族语言和汉语方言在内的语言应急能力建设的重要性和迫切性。而随着改革开放事业的深化，我国的国际事务更加广泛复杂，外语应急能力的建设也更为迫切。当前，学界关于语言应急能力建设的讨论十分热烈，这些讨论基于不同角度和视野，卓有成效。本文从语言适应的角度来谈几点看法。

语言适应是不同语言个体、群体以及各级政府机构、社会组织等主体基于特定的条件，为实现特定语言发展目标而进行的调整和适应。概言之，语言适应就是具有特定目的的语言发展。语言适应主要的特征是系统性、主体性、目的性和条件性，涉及理念、组织制度、工具技术、能力等适应范畴。语言应急能力建设，可以视为以国家和各级政府、社会组织为主体的系统性语言适应。

一、语言应急的理念适应

理念决定行动。从理念适应角度，当前由于重大突发事件不断出现，突显了语言应急能力建设的必要性。但是，从思想认识角度，各级政府机构、社会组织以及语言群体、个人对语言应急能力建设的认识还不够深入，尚未将其作为一项重要任务来推进和实施。因此，需要通过各方面的宣传，提升语言应急能力建设的公众认知度和重要性认识。

第一，要把语言应急能力作为国家语言能力的重要组成部分来认识。可以预见，在百年未有大变局和中华民族伟大复兴两个大局的新时期，国际国内重大事件多发，各类突发事件中的语言问题将更加突显。语言应急能力建设，不仅涉及国内各民族群众的民生福祉和民族团结，也事关人类命运共同体建设。

第二，语言应急能力建设是特殊状态下的语言服务。与常态化的语言服务不同，重大突发事件中的语言服务，在事件的处理过程中通常具有决定性意义，因此，语言应急能力虽然在日常生活中并不突显，但事关国家核心语言能力，是语言强国的重要内容。

第三，扩展对语言文字服务内涵的认识。长期以来，语言服务一般仅限于国家通用语言文字和外语两大领域，外语也只限于大语种。对于汉语方言、民族语言和小语种外语，则认为随着国家通用语言文字的推广普及，社会语言沟通问题将迎刃而解，而外语小语种的推广应用成本高、效益低，因此对这三类语种的语言文字服务普遍重视不够。武汉抗击新冠肺炎疫情的实践充分说明，即便是属于官话系统的汉语方言，同样也有语言应急服务的必要性。

二、语言应急的组织制度适应

语言应急能力建设是一项系统性工程，对语言文字工作的组织化、制度化提出了极高的要求，需要在已有语言文字事业的基础上进行有针对性的组织制度建设。

第一，统筹各种类型的语言应急工作。我国的语言文字事业包括不同领域、不同层面，在横向上涵盖国家通用语言文字、汉语方言、少数民族语言、外语等领域，纵向上涉及各级各类工作部门和工作层级。按照传统的工作格局，往往条块分割，政出多门。作为核心领域的语言文字工作，应加强顶层设计，统筹谋划，高度重视工作的系统性和协同性。就具体语言而言，也需要加大统筹力度，包括汉语方言中与国家通用语言通解度不同的各类方言；少数民族语言中的大语种语言、跨境语言等；外语中的大语种和小语种语言等。特别是我国周边以及"一带一路"沿线国家的语言，都涉及小语种外语和我国的少数民族语言。

第二，补充和完善国家应急工作机制体制的语言应急内容。我国的应急管理预案、机制、体制和法制建设都已取得积极进展，但多着眼于具体的突发性事件及工作程序本身，而对贯穿于整个应急过程的语言应用重视不够，因此，语言应急工作还没有充分纳入到相关的工作机制体制中。

第三，建设组织健全、分工明确的工作体系。语言应急能力建设是各级政府、社会组织共同的责任，应统筹领导、各有分工、协调互补。语言应急能力建设的系统性要求统筹国内国际两个工作大局，有效整合各方面资源，建立从中央到地方、从政府部门到业界学者等多方协同、权责明晰的语言应急组织和服务体系。教育部、国家语委提出要建立分管共推、上下联动的语言文字工作大格局，语言应急能力建设的组织和工作体系应予以充分考虑，确保重大事件突发时，特定组织、特定人员能够在第一时间通过特定程序开展语言应急服务。

三、语言应急的技术和工具适应

语言应急能力建设虽然有丰富的内涵，但语言文字的规范化、标准化和信息化是核心内容，也是语言应急能力建设的基础性工作。如果没有必要的规范化和标准化基础，不仅无法实现信息化，也难以提供规范、准确的语言服务。因此，语言应急的技术和工具适应，起码包括两个层面的要求：

第一个层面：规范化和标准化。主要是对各类重大突发事件涉及领域的语言使用进行规范化研究，包括各种新词术语的规范等。鉴于我国语言和方言的复杂性，这一个基础性条件也需要做大量工作。规范到哪一个层级？规范哪些领域的用语、词汇？提供国家通用语言文字应急服务是应有之义，但是汉语方言、土语情况复杂，一些特别复杂的方言如吴方言等，有必要进行特定次方言和土语的语言应急规范。少数民族语言曾经开展过系统的规范化和标准化工作，但有的语言标准音点选择效果不佳，或者方言情况复杂，同样存在规范到下一级方言土语的问题。只有在这一基础工作的前提下，语言应急能力建设才能系统化开展。

第二个层面是信息化及其应用。语言文字的信息化过程就是对语言文字进行信息处理、加工、利用和开发的过程，这个过程要在规范化基础上开展。基于信息化研究，形成涵盖外语、少数民族语言以及汉语方言的语言数据库，并积极探索推动语音科技、机器翻译、即时通信等各类技术及资源在突发事件应急处置中的应用价值和应用方式，加快建设突发事件语言应急的技术支撑和资源保障体系。但正如前文所言，我国语言情况复杂，工作进展极不均衡。国家通用语言文字和个别汉语方言、主要外语、重要少数民族语言等的信息化研究和应用已经取得一定进展，但大多数汉语方言和少数民族语言的信息化研究及应用才刚刚起步，甚至还是空白。因此，在技术和工具层面上，语言应急能力建设的基础还十分薄弱。

四、语言应急的能力适应

语言应急能力本质上是一种语言服务能力，这种服务能力建立在服务主体的双语和多语能力基础之上。在信息化研究和应用没有普及之前，语言教育和双语（多语）人才培养仍然是语言应急能力建设的重要前提。

第一，以新的培养方式，培养专业+多语的综合性人才队伍。双语、多语综合人才队伍的缺乏，是新时期以来主要的工作瓶颈，这一瓶颈过去在教学、新闻、出版等领域已经突显。基于语言应急的需求，能够满足突发性重大事件处理的综合型人才就更为缺乏，也更加迫切。传统的少数民族语言文学专业和外国语言专业，难以培养出符合语言应急工作的专业人才。根据一些学校的培养实践，可以探索推广专业+语言的定向培养模式，在一些重要专业领域培养双语或多语型人才，并形成涵盖主要专业和语种的人才队伍，这一培养模式需要国家有关方面进行统筹。同时，语言应急人才培养需要兼顾综合性和专业性两个方向。

第二，建设并完善语言应急人才库体系。突发事件中的语言应急，需要在第一时间找到合适的人才，解决应急救灾过程中的语言沟通问题。在特定的组织机制下，语言应急人才库的建设十分关键。首先是按照语言应急能力建设的统一要求，在社会各界特别是高等院校、科研院所、社会组织（包括各类语言学会）中，汇总各类综合性语言人才信息，基于语言应急工作协议形成语言应急人才库；其次，按照专业+语言定向培养模式，有目的地培养一批特殊专业领域的多语型人才，逐渐构建涵盖面广、信息完备、分类准确、责任明晰的人才信息库，确保突发事件发生时，国家有关部门能够第一时间联系上特定语种、特定专业的专家。语言应急人才库建设，是对国家语言人才队伍的系统梳理和构建，也是全面提升国家语言能力的基础工作。

第三，通过宣传和教育，提升社会各界对于语言应急能力建设的关注度，并吸收社会力量参与，全面提升语言应急能力。我国人口众多，人才类型多样。可以通过人口普查、志愿者选拔、宣传培训等活动，了解公众的语言能力和志愿意向，倡导志愿服务，建设志愿人员信息库，积极引导和发动社会力量参与突发事件语言应急，构建以政府引导和专家人才为主、社会力量协同参与的语言应急工作体系。

语言适应是一个动态调整过程。在语言强国视野下，语言适应是国家语言能力建设的战略性发展。以语言应急能力建设为代表的国家语言能力建设，仍存在理论认知不充分、组织机制不健全、人员储备不完善、语种文种不均衡等基础性问题，任重道远，工作紧迫，需要加强领导和统筹规划，充分发挥社会主义制度全国一盘棋的制度优势，协调有序推进。

作者简介

王锋，中国社科院民族学与人类学研究所研究员，副所长，中国民族语言学会副会长，《民族语文》杂志主编。主要研究方向：民族语言学、文化语言学和社会语言学。

（学术编辑　麻晓芳）

语言资源视阈下的民族地区应急服务试议
——以北方民族语言为例

丁石庆　中央民族大学中国少数民族语言资源保护研究中心

随着当下新冠肺炎疫情的防控及治疗，学界有关语言应急服务的讨论成为热门话题，业已涉及诸多细节论题，但这场讨论中实际涉及我国民族地区语言应急服务的内容极少。有鉴于此，本文结合笔者多年北方民族语言资源保持类型的调研成果对中国语言资源保护工程（以下简称"语保工程"）民语调研专项任务有关通用语的调研数据进行了初步分析，并根据突显出的复杂多样性与不平衡性提出民语/通用语应急服务的"基础指标与细节指标相结合"的依据与对策，以期抛砖引玉之效应。

一、基础指标

面对我国民族地区的语言应急服务首先需要考虑到被服务对象的语言能力情况。这里既要考虑母语及方言能力，也要考虑通用语能力。这一方面取决于我国复杂多样的语言国情，另一方面则与不同语言的语言资源保持类型、母语与方言的活力以及通用语教育程度等密切相关。近些年来，国内语言学界有关语言资源专题的讨论愈见深入，其中不乏有关语言资源保持类型或语言活力的研究成果。陈章太（2008）将我国的语言资源分为超强势、强势、弱势、超弱势、语言活力严重萎缩等5种类型。孙宏开（2006）和李锦芳（2015）也分别对少数民族语言活力及濒危程度认定等进行了初步排序。而黄行（2001）采用统计学方法在相关论题的研究上则早于上述学者。其中对北方少数民族的20种语言活力排序及具体统计数据如下①：维吾尔语（289.23）、蒙古语（265.76）、哈萨克语（242.15）、朝鲜语（224.65）、柯尔克孜语（141.04）、锡伯语（132.26）、土族语（37.23）、达斡尔语（27.29）、满语（17.28）、鄂温克语（15.84）、撒拉语（14.10）、西部裕固语（13.56）、赫哲语（9.60）、塔吉克语（9.59）、东乡语（9.18）、鄂伦春语（8.24）、保安语（4.62）、塔塔尔语（2.00）、乌孜别克语（2.00）、图瓦语（0.78）。

在始于2015年的中国语言资源保护工程民语调研专项任务实施进程中，我们发现在不同的调研点进行语料资源的采集工作时，发音合作人对任务的完成具有举足轻重的作用。其遴选过程，如耗费时间长度、是否具有可海选或精选空间等指标，则可视为衡量该调研点所代表的语种语言资源保护类型，抑或语言活力的重要尺度。此外，所采集到的语料词汇的缺失数

---

① 基于语言活力现象所具备的数理逻辑基础，并借助于统计学中的尺度法（scaling），语言活力研究理论将属于定类、定序等定性变量转化成"虚拟"定量及"秩"变量（即将原为"是/否"、"高/中/低"等定性定量定义为"1/0""3/2/1"等虚拟的数值变量）。在具体测度过程中，为反映使用领域的参项及等级差别，可对相关数据变量进行加权处理和等权处理。据此，《中国少数民族语言活力研究》将语言活力领域分为行政、立法、司法、教育、出版、媒体、文艺、宗教、经济、信息等10个子系统，每个子系统再分若干不同的场合和等级。其规定一个使用领域活力值的最高值为40，其中书面语最高值为20，口语最高值为20，其等权中的活力值的算法公式为：X÷该领域的最高值 X 40。一种语言活力值的测度方法为各领域活力值的总和，以维吾尔语为例，经测度后各领域语言活力值为：行政27.47；立法26.67；司法24.00；教育34.12；出版40.00；媒体40.00；文艺．36.67；宗教8.00；经济30.30；信息30.00，其总体活力聚类值合计为289.23，其余均以此测算并类推。

量、语义丰富度、口头文化的类型是否多样等在一定程度上也是该语种或方言的语言资源保持类型或语言活力的重要体现。由此，我们综合上述调查材料的各类指标，试将北方民族语言资源保护专题调研点按照语言资源保持类型分为以下几类：A 类（丰厚型）：维吾尔语、蒙古语、哈萨克语、朝鲜语；B 类（削弱型）：柯尔克孜语、锡伯语；C 类（萎缩型）：土族语、达斡尔语、撒拉语、东乡语；D 类（濒危型）：塔吉克语、鄂温克语、西部裕固语、东部裕固语①；E 类（极度濒危型）：鄂伦春语、保安语、图瓦语、塔塔尔语、乌孜别克语、赫哲语；F 类（趋于消亡型）：满语、俄罗斯语②。除了满语与俄罗斯语外，我们从 A 至 E 的分类结果与黄行的统计结果惊人的相似。如 A 类均为语言活力数值 200 以上的语言；B 类均为 100 以上 200 以下的语言；C 类均为 100 以下 20 以上的语言；D 类均为 20 以下 10 以上的语言；E 类均为 10 以下的语言。由此，我们也可大致将以上六类基本认定为我国北方少数民族语言资源或语言活力分类表，并作为不同语言及方言的语言应急服务规划的主要参考依据之一。

语保工程民语专项调查及其包含的"推普"调查内容，其中涉及"说"的自由讲述话题时长为 3 分钟左右，涉及"读"的能力的有两篇短文。虽然缺少了"听"和"写"能力的相关调查材料，但在一定程度上也可反映调研点所代表的语言或方言人群的通用语部分使用情况。据此，基于北方民族各语种调研点所代表的各语言的通用语"说""读"水平横向对比基础之上，并综合每一个语言的整体情况，我们将其由高到低进行了综合排序，即 A 类：满语、俄罗斯语；B 类：鄂伦春语、保安语、图瓦语、塔塔尔语、乌孜别克语、赫哲语；C 类：土族语、达斡尔语、撒拉语、东乡语；D 类：塔吉克语、鄂温克语、西部裕固语、东部裕固语；E 类：柯尔克孜语、锡伯语、朝鲜

语；F 类：维吾尔语、蒙古语、哈萨克语等。由以上通用语言排序情况来看，北方民族母语资源的保持类型或语言活力与通用语能力似乎成反比，也就是说，母语资源保护较好或语言活力越强的民族的通用语能力越弱，反之则可能越强，而处于中间状态的 C 类和 D 类语言则两种语言能力均表现为平衡状态。这可能也应该看作是不同语言或方言语言应急服务规划的另一个重要参考指标。

二、细节指标

以上北方民族母语及通用语能力情况统计分析可体现其整体性，但这是基于宏观视角下的一种差异化体现。实际上，各语种内部如果依据不同语种或方言点发音人的性别、年龄、文化程度、职业，居住类型、语种或方言、分布地域及所属语系、语族，以及语言是否濒危等信息可以对语言资源保持类型或语言活力与通用语再进行细化分类，其结果突显出每个语种内部各方言或土语间显著的交叉性和不平衡性。这与不同语种或方言人群居住格局、自然人口数量与实际语言使用人口数量等诸多因素相关。一般来说，一种语言的实际使用人口较多，加之若有传统文字和双语教育体系等，可能母语资源保持较好，语言保持和发展状态就一定会很好。反之则会因人口数量的减少等各方面的影响而依次趋弱。当然，其中也有诸如满语这样的特殊情况。从地域分布情况来看，集中于新疆与内蒙古的语言可能大部分还处于通用语能力不足，而母语资源保持较好的状态。此外，有传统文字的语言大多数也都分布在这个地域内。尤其是新疆境内，多种语言荟萃，多元社会人文环境、多语氛围较浓，在此居住的少数民族甚至汉族兼用多种语言者尤其是兼通维吾尔语者不乏其人。尤其是诸如锡伯族和达斡尔族等人口较少民族兼用语言数量最多，享有

---

① 东部裕固语在该书中未列在综合活力的排序中，但根据其他相关语言活力的数据统计，该语言一般排在西部裕固语之后或接近的序列中。

② 俄罗斯语的综合活力也未排在表中，根据我们的调查，该语言同样处于濒危状态之中。

"翻译民族"的美誉，且其中不乏精通维吾尔或哈萨克语文者。其他诸如乌孜别克、塔塔尔、塔吉克等族中兼通维吾尔语文者也较高。因此，在新疆锡伯族和达斡尔族中，根据群众需要既可以使用维吾尔或哈萨克语文提供语言应急服务，也可以使用通用语口语和书面语进行语言应急服务。另外，在锡伯族老龄人群中甚至还可以提供锡伯语文的语言应急服务。在呼伦贝尔市生活的"三少民族"尤其是居住于海拉尔地区的达斡尔族和鄂温克族中既熟练使用母语，又能兼通甚至精通蒙古语与通用语者较多，其中不乏许多从小习用蒙古语文和汉语文，并习惯于阅读蒙古文本的各种读物的民族语言使用者。在针对他们的语言应急服务中，既可以使用通行于内蒙古自治区境内的蒙古语文，也可以采用通用语进行语言应急服务。同时也可以采用他们仍保持一定语言活力的母语口语化的语言应急服务。

上述不同地区的语言使用情况还透露出年龄、职业、文化程度不同的民语母语人两种语言能力的差异。一般来说，年龄越小，通用语能力越强，而母语能力较弱，甚至会出现转用情况；教师、干部中母语与通用语熟练程度相当，或通用语强于母语能力的情况也较为多见。而学生的通用语言能力强于母语的情况在不同地域的不同语言人群中都会出现。

三、结语

综上所述，面对我国少数民族的民语/通用语应急服务应采用以下对策：

第一，首先要基于我国民族地区不同民族母语能力与通用语能力调查数据与相关材料，并对其进行梳理、对比和分类研究，对不同母语资源保持类型及通用语能力情况进行分类，为相关语言应急服务制定总体规划方案。上述调研材料及相关数据可能为此提供了一些重要信息，但还需做更广泛的调查与核实。其中除了分类规划之外，分类制定应急服务的具体方案更应是重中之重。

第二，除了以上需要考量的基础指标外，还需要全面考虑各语言及方言内部不平衡性导致的语言活力与通用语能力存在的差异，使语言应急方案具有对诸多差异化因素的适应性，增强其服务的精准度。

第三，语言应急服务规划与机制构建亟待观念、方法的转型，与其相关的少数民族语言学学科建设及理论探讨也须实时跟进。

作者简介

丁石庆，中央民族大学教授，博士生导师。主要研究方向：人类语言学、北方民族语言与文化、语言资源学、达斡尔语。

（学术编辑 麻晓芳）

结合民族地区实际，加强民族语言应急规划与服务

莫　滨　广西民族语文研究中心

语言是沟通的桥梁，是重要的交际工具，在日常生活和学习工作中发挥着不可或缺的作用。"语言不通就难以沟通，不沟通就难以达成理解，就难以形成认同。"语言应急属于特殊时期解决使用不同语言群体之间沟通障碍的应急措施，它是以语言服务的方式来施行应急事务，服务应急需求。

近年来，我国先后出台了《中华人民共和国突发事件应对法》《国家突发公共事件总体应急预案》《突发公共卫生事件应急条例》等多项法律法规，来应对和处置突发公共事件，并逐年加强相应的立法和制度建设。但至今还普遍缺乏"语言应急"的相关内容，与这相配套的适应民族地区语言生活需求的语言治理体系建设，尤其是民族语言应急机制建设缺口更大。对此，需要及时地把语言应急机制纳入突发公共事件防控工作，强化在重大突发公共事件中建立有效的民族语言应急服务机制。

一、构建民族语言应急服务组织体系

长期以来，在国家层面，教育部、国家语委、国家民委、工信部分别在各自职责范围内管理统筹协调全国语言文字工作。在地方上，组织实施国家通用语言文字的学习推广工作，主要由教育（语言文字）主管部门统筹协调。少数民族语言文字的保护传承、科学发展工作则主要归民族（民族语文）工作部门负责。由于历史和地域等多种原因，截至目前，我国民族地区还不同程度地存在着少数民族群众普通话（含当地汉语方言）沟通交流障碍的问题和现象。至今仍有相当数量的少数民族群众，尤其是居家的中老年人，完全生活在单纯的本民族母语世界里。

对此，加强国家和地方的民族语言应急规划与服务，有必要着手构建民族语言应急服务组织架构。建议由国家、省、市、县四级政府应急管理办公室统筹协调，及时构建由民族（民族语文）、教育（语委）主管部门牵头负责，宣传、文化、广电、新闻、工信、科技、高校等有关部门配合，社会各界广泛参与的民族语言服务工作机制，分别在民族（民族语文）和教育（语委）工作部门设立语言应急专门议事协调办公室，组织开展民族地区语言应急体系建设，健全民族语言应急服务指挥能力，提升突发公共事件应急语言服务管理一体化能力。

二、加快制订民族语言应急服务规划

民族语言应急议事协调办公室应该在同级人民政府应急管理办公室统筹协调下，及时组织力量，加快制订各民族地区民族语言应急服务系列规划，以提升应对突发重大公共事件的抗击力和防控力。

第一，制订民族语言应急服务制度规划。要针对不同民族地区的年龄、性别、接受文化教育程度不同、外出务工与否，以及日常使用何种语言方言的实际情况，制订尽可能详尽的突发重大公共事件中的民族语言应急服务预案，建立相应的民族语言服务迅速响应机制，确保突发重大公共事件发生时，民族语言应急服务工作迅速启动，有章可循，有的放矢。比如，尽量利用民族语山歌、小品、快板、顺口溜、微

视频等少数民族群众喜闻乐见的形式，在各级广播、电视、各类宣传屏幕滚动播放，在微信群、QQ 群、微信公众号、抖音、微视、快手等新兴媒体上推送更新，让突发公共事件的宣传更加形象生动，更加贴近民族地区的少数民族群众生产生活，助力打通宣传工作"最后一公里"，让民族地区的少数民族群众听得明白，看得清楚，记得牢固。

第二，制订民族语言应急服务管理规划。在同级人民政府应急管理办公室统筹协调下，建立应急语言服务协同联动机制，当突发重大公共事件来临时，有组织、有计划、有针对性地实施民族语言应急服务预案，协调突发重大公共事件与语言服务提供商、专业语言服务人才之间的关系，统筹各方力量，有效配置语言服务资源，增强高效服务能力。同时，要针对当前极端天气灾害、资源环境、公共卫生问题的严峻形势，建立民族语言应急服务定期练兵机制，加强拟实战练兵，确保"战时"万无一失。

第三，制订民族语言应急服务资源规划。在政府主管部门的指导下，及时建立民族语言应急服务产学合作机制，充分发挥新媒体、新技术的作用，设计、研发民族语言应急产品，实现民族语言及其方言应急服务信息资源跨部门、跨系统的信息共享，优化民族语言服务效果。

第四，制订线上线下的民族语言应急服务志愿者行动规划。以各级民族和教育部门的民族语言应急议事协调办公室为依托，牵头设立"突发公共事件民族语言应急服务团"，动员社会民族语言服务智力资源，积极参与到突发重大公共事件的防控中，消除突发重大公共事件的信息传递障碍。在平时，服务团主要由应急议事协调办公室人员兼职，绝大多数成员则在各自岗位，利用业余时间接受培训。需要时，紧急招募集结，开展各类民族语言应急支援服务。2020 年初抗击疫情时，北京援驰湖北"战疫语言服务团"和广西、贵州等省区少数民族聚居地区民汉双语甚至多语"乡音土语服务"就是值得学习借鉴的实例，多方协力，在短时间内开发出多种形式的语言产品，满足抗疫一线的需求，是语言应急支援服务的一次有益尝试和良好开端。

三、加强民族语言应急服务基础设施建设

第一，建设国家和省级开放性通用重大公共事件民族语言语料库和术语知识库，由民族语言应急议事协调办公室牵头收集、处理、升级与突发重大公共事件相关的信息资源，建设非商业化民族语言资源共享平台，确保突发重大公共事件时，相关信息数据能够以统一的标准实时交换。

第二，建立突发重大公共事件信息民族语言翻译服务平台，及时提供重大公共事件国家级和省级信息民汉翻译服务，助力突发重大公共事件信息公开透明和共享，起到宣传政策、传递信息、打击谣言、稳定人心等作用。加强民汉翻译服务平台研发与建设，尽量做到让用户通过浏览器或客户端程序即可访问、实时使用。

第三，建立国家和各地民族语言应急服务人才数据库，由民族语言应急议事协调办公室牵头，从相关科研院所、高校和民族语言服务机构中遴选民族语言专家和专业人才入库。如出现重大突发公共事件，则及时启动召唤并提供各类民族语言应急服务人才。

应急语言服务作为语言服务必不可少的功能，对国家安全、民族团结、社会稳定、人民生活、灾难救助、危机管理等不可或缺。语言服务机制体制建设是现代国家治理体系的有机组成部分。2020 年初以来，我国抗击新冠肺炎疫情取得了举世瞩目的成就，是我国推进国家治理体系和治理能力现代化的一次重大胜利。因此，我们应当从抗击新冠肺炎疫情中认真总结，引起重视，持续强化在民族地区建立有效的民族语言应急服务机制体制。

作者简介

莫滨，广西民族语文研究中心翻译服务部主任。主要研究方向：少数民族语言文字政策。

（学术编辑　麻晓芳）

提升云南少数民族语言应急能力之我见

谭玉婷　云南省少数民族语文指导工作委员会办公室

少数民族语言应急服务是指针对重特大突发事件的预防与应急准备、监测与预警、应急处置与救援、事后恢复与重建全过程提供相关的少数民族语言产品、技术或参与语言应急援助行动，包括少数民族语言翻译、突发事件信息传播、应急语言资源管理、语言咨询与危机干预等。2020 年初，新型冠状病毒感染肺炎疫情在全国快速蔓延，举国上下面临着前所未有的严峻考验。在新型冠状病毒感染肺炎疫情少数民族语言应急处置过程中，云南省各部门加强协同，各地探索性地用少数民族语言文字开展宣传，发挥了重要的应急服务作用，及时准确地把疫情防控信息和知识传达给边疆少数民族群众，提高了群防群控意识，受到极大欢迎，取得了良好的宣传效果。

一、应对新冠肺炎的云南少数民族语言服务实践行动

为了让各少数民族群众能够及时掌握和了解新型冠状病毒防控的相关政策和防护知识，云南全省各地坚持以人为本，快速响应，采用少数民族语言开展宣传，利用广播电视台、报纸、杂志等传统新闻媒体，网站、微信公众号、短视频平台等新媒体，用少数民族群众喜闻乐见的民语新闻、疫情防控新媒体推文、科普专题片、短剧、短视频、公益广告、傣族"章哈"、快板、歌曲、MV、小品文艺形式，让各族群众及时掌握疫情权威信息及疫情防控的相关政策和防护知识，有效保障了云南边疆少数民族群众的信息知情权，用民族语言文字宣传，让少数民族群众听得懂、听得明白，提升了疫情

防控知识的知晓率，调动了少数民族群众投入到疫情群防群治的积极性，边境州、县的宣传甚至覆盖到国外。以西双版纳傣语文为例，云南人民广播电台民族广播的西双版纳傣语广播和微信公众号平台"傣泐金湾"，《西双版纳报（傣文版）》、西双版纳新闻网（傣文版）、西双版纳手机报、西双版纳州广播电视台、西双版纳广播电视网、手机台、各县级广播电视台在此次疫情中都积极开展傣语傣文宣传，云南人民广播电台民族广播的西双版纳傣语广播，每天翻译播出中央、省级新闻，西双版纳州电视台、西双版纳广播电视网、西双版纳州广播电台每天在傣语《新闻联播》《西双版纳新闻》里播出新型肺炎疫情防控方面的报道，《西双版纳报（傣文版）》、西双版纳新闻网（傣文版）、西双版纳手机报也在每天的新闻中，编译发布疫情防控新闻报道。云南人民广播电台民族广播的西双版纳傣语广播根据疫情防控的阶段性要求，翻译播出了《什么是新型冠状病毒？新型冠状病毒及症状》《如何预防新型冠状病毒感染的肺炎?》《哪类人群容易感染新型冠状病毒肺炎?》《怎样正确戴口罩》《傣语辟谣：鞋子会把病毒带回家吗?》《出门在外应该如何预防新型冠状病毒感染?》《向涉疫情防控网络有害信息说"不"，坚决打赢疫情防控阻击战》《防控新型冠状病毒感染的肺炎宣传口号》等防控知识，制作播出了傣语微视频《傣语主播"抗击疫情"日记》。西双版纳州广播电台编译播出了《新型肺炎疫情防控教程》101 条，制作了新型肺炎疫情防控常识（戴口罩、勤洗手、常通风）的短视频，傣语公益广告《出入要扫码》，在傣语广播专题《听傣乡》《卫生与健康》栏目译制播出了新型肺炎疫情防控

常识 100 条，傣语译制《新型肺炎疫情防控常识》滚动播出。2 月中共云南省委宣传部、云南省民族宗教事务委员会、云南省广电网络集团有限公司联合制作，云南音像出版社出版发行西双版纳傣语版《新型冠状病毒感染的肺炎防控知识》有声读物。

西双版纳广播电视台、西双版纳州民族文化工作团、景洪市民族文化工作队、勐海县文化馆、勐龙镇曼康湾傣泐文化传习所、勐海县章哈传习所等各文艺团体为宣传抗击疫情，做到了职能部门和社会力量齐心协力，积极响应。邀请西双版纳州知名的章哈歌手玉叫、岩三扁等 20 余人，用深受傣族群众喜爱的傣族传统曲艺形式——章哈调，创作了《预防新型冠状病毒感染肺炎》《科学预防新型冠性病毒肺炎》《防控新型冠状病毒性肺炎相关知识》《疫情防控 人人有责》《国家大事 匹夫有责》《防控疫情 傣乡在行动》《致敬！英雄》《赞逆行者之歌》《人民好医生钟南山》《满怀信心 战胜疫情》《疫情未退，防控不松》《正当农时勤耕种待到秋日好收成》《美丽新农村曼康湾》等 30 余首章哈调。组织创作播出傣语快板《不信谣、不传谣、不造谣——傣族快板说防控疫情》《致逆行者》等，以及傣语小品《调皮的老波涛》。原创歌手们也创作了傣语歌曲《新冠肺炎防护歌》MV、《齐心防控疫情》《预防新冠肺炎》，摄制了傣语公益 MV《共抗疫情》《疫情过后，美好必将继续》《责任与担当》等疫情防控的宣传工作。

通过应急广播、村寨大喇叭、流动式车辆作为宣传平台，有的村寨每天至少用大喇叭重复播放 3 次相关防控知识。傣族章哈歌手常常受邀到老挝、缅甸、泰国等国家的村寨演唱祝福，在国外有一批粉丝。傣族章哈唱的抗疫歌曲不仅在西双版纳州内傣族群众中流传，在傣族村寨的大喇叭里播送，还通过朋友圈、公众号等平台传唱到了老挝、缅甸的边境村寨。

二、基层民族语文工作部门提升语言应急能力的必要性

云南地处欧亚板块与印度洋板块交界带，构造运动频发，地震频繁、震灾严重，是地震灾害特别严重的省份之一。云南处于地质板块断裂带，地质构造复杂，高山峡谷，滑坡、泥石流等地貌灾害严重。这些特殊的地质地貌，都极易引发大规模的自然灾害，造成严重的自然性突发事件，危及公众生命、健康和财产安全。此外，云南是全国世居少数民族种类最多、特有民族最多、人口较少民族最多、民族自治地方最多、实行区域自治的民族最多的省份。云南省 2019 年国民经济和社会发展统计公报，全省总人口为 4858.3 万人（2019 年常住人口），少数民族人口约占全省人口总数的 33.6%，是全国少数民族人口数超过千万的 3 个省区之一。云南全省有 56 个民族成分，世居少数民族 25 个，云南特有的少数民族 15 个，有 16 个民族与境外同一民族毗邻而居。云南西与缅甸交界，南与越南、老挝接壤，并与泰国相邻，陆地边境线长达 4061 千米，25 个边境县中 9 个是少数民族自治县，民族自治州管辖的有 16 个，16 个少数民族跨境而居，与境外民族同根同源，语言相通，风俗习惯相同，虽因历史上民族的迁徙和近现代国界的划分而分别居住于不同的国家，但山水相连、通道众多的地域特点和属于同一民族、亲缘关系盘根错节的人文特点，并未割断他们之间相互往来、走亲串戚、通婚互市的紧密联系。云南接壤国家多，接壤国家的政局动荡、战争等因素，都会使大量边民涌入国内，投亲靠友，寻求庇护。这些特点使云南在防控边民涌入方面压力加大。2015 年，克钦独立军、缅甸民族民主同盟军与政府军的冲突引发战事，战火一度蔓延至中缅边境地区，中缅边境地区事态严峻，当时就有大量缅甸难民涌入中国境内。由于宗教冲突和武装冲突，缅甸罗兴亚人向中国转移，已有超过 4 万罗兴亚人在中国安家落户，德宏州的瑞丽市有 2 万多罗兴亚穆斯林定居，盈江县也接纳了 2 万余名罗兴亚人。

这些社会安全事件，使云南成为重大社会性突发事件频发之地，公共安全事件防控难度大，与少数民族地区的社会利益关系交织，诱发群体性事件因素增多，社会安全、涉外安全风险日益增加。从语言应急

方面讲，少数民族地区，信息较为闭塞，应急响应慢；少数民族语言相对小众，其中的老人和边远村寨群众，容易成为突发事件冲击下的弱势群体。基层民族语文工作部门，应有"舍我其谁"的担当和勇气，发挥牵头作用，搭建内地应急资源与少数民族灾区的桥梁，做到有效对接，帮助多民族弱势群体科学应对自然灾害突发事件和社会公共突发事件。

三、在国家应急管理体系中进一步加强少数民族应急语言服务能力建设

云南作为中国面向南亚东南亚开放的前沿省份，在"一带一路"倡议中意义重大。然而目前云南的公共安全形势不容乐观，地震、泥石流、低温冻灾、洪涝、安全生产事故频发，且复杂的地形、气候特征及特殊的地质构造，疫情、民情、社情复杂，使云南省成为一个典型的多灾省份，呈现出灾种类多、空间分布广、发生频率高、危害强度大、抗灾救灾任务重、突发事件处置难等特征，亟须提高云南省协同治理灾害风险、共同应对突发事件的能力。作为基层的民族语文工作部门，在面对类似的疫情、灾情等重特大突发事件时，面对需要用民族语文开展社会宣传时，如何做好应急语言工作，做好语言应急规划，成为越来越紧迫的任务。结合此次用少数民族语言文字开展抗疫宣传所呈现出的一些特点，建议从以下几个方面来思考。

第一，党委政府要提高对民语应急服务的重视程度。我国《突发事件应对法》规定：国家建立统一领导、综合协调、分类管理、分级负责、属地管理为主的应急管理体制。地方党委政府是应对突发事件的责任主体。云南是中国从陆上通向东南亚和南亚的重要门户和主要通道，作为北上连接丝绸之路经济带，南下连接海上丝绸之路的枢纽，是"一带一路"建设具有突出地缘特点的省份之一，突发事件冲击影响边境安全，云南地方党委政府更应从边境安全、国家安全等政治站位高度重视民语应急处置和应急服务工作。

第二，科学构建民语应急服务的顶层设计。党中央和国家对突发事件的应急管理工作高度重视，2003年"非典"之后，我国首次将"强化应急体系建设"纳入国家"十一五"国民经济和社会发展规划纲要，并且编制了《"十一五"期间国家突发公共事件应急体系建设规划》，从顶层设计角度推进应急管理体系和能力现代化。将语言应急管理体系建设纳入国家和地方各级应急管理体系中，同时，做好突发事件语言应急预案，发挥语言应急处置高屋建瓴，统领全局的优势。云南自然灾害和社会性突发事件隐患多、少数民族众多，在应对突发事件时少数民族语言应急工作尤其责任重大，任重道远，更应该尽快建立省、州市、县级各级语言应急管理规划和应急预案，建立语言应急联动系统。少数民族语言文字管理部门要在突发事件发生的第一时间介入、靠前指挥，决策指挥语言应急处置工作。

第三，综合协调全社会民语应急服务资源。做好各方面应急力量的协调管理，充分调动各方面力量开展语言应急处置，自然灾害和公共突发事件的暴发突如其来，覆盖面广，应急处置涉及不同专业领域，因此要建立协调联动机制，调动各方面资源，共同开展语言应急和语言服务。正如此次新型冠状病毒感染肺炎疫情暴发，涉及医疗、卫生、疾控、个人卫生等方面的专业知识，也涉及疫情防控工作法律法规知识，公民个人的权利和义务等等，在语言应急处置中，民族语言文字管理部门有责任协调各相关部门，及时获取权威和专业的知识文本和资讯，组织力量准确翻译成少数民族语言文字，向群众发布传播，做好语言应急服务。协同各新闻媒体完善民族语文应急信息发布机制，保障民族语文相关信息的权威性、专业性和实效性。随着网络新媒体快速发展，突发事件信息快速传播速度快，谣言和流传与真相混淆，还有一些耸人听闻的谣言，扰乱人心，容易产生群体性恐慌，加大了应急处置难度，因此民族语文应急处置，要及时协同相关部门，以少数民族自己的语言和文字，准确传递党和政府的声音，及时发布权威信息和知识，安定

人心，稳定社会秩序。云南少数民族分布呈现大杂居、小聚居的特点，全省各地突发应急事件，都涉及少数民族群众，因此在应急救灾过程中，与当地少数民族的语言沟通也是问题，基层民族语文工作部门要协调当地政府部门、相关专业领域部门，抽调懂当地少数民族语言的人员，充分发掘和培养民间志愿者，加强指导、培训和管理，充当翻译配合开展线上和线下的多民族语言应急工作。

第四，强化民语应急服务的现代科技支撑。做好语言信息资源采集管理，建立动态监测和信息管理系统。各级少数民族语言文字管理部门作为当地少数民族语言应急管理机构，在日常工作中，全面掌握全省各地少数民族语言使用情况，建立全省少数民族语言应急采集和报送信息系统。进行语言应急风险评估和监测，尤其对边境地区、少数民族聚居区要建立动态监测和信息管理系统。

第五，填补民语应急服务的标准规范空白。做好新词术语规范，提升语言应急中的语言规范化水平。从云南此次疫情宣传情况看，各地翻译和播出的少数民族语言文字抗击疫情的信息知识，体现出缺乏统一性和不规范性的问题。如西双版纳傣语在宣传报道中，对"新型冠状病毒感染肺炎"有以下几种不同的翻译：

ᦇᦰ ᦞᦻᦈ ᦡᦵᦰ ᦵᦡᦰ ᦵᦰᦰ ᦵᦰᦰ ᦵᦡᦰ 新型肺炎

　　肺炎　　　　型（种类）新

ᦇᦰ ᦞᦻᦈ ᦵᦡᦰ ᦵᦰᦰ ᦵᦰᦰ ᦵᦰ ᦵᦡᦰ 新型冠状肺炎

　　肺炎　　　冠状　型　新

ᦇᦰᦵᦰᦰᦵᦰᦰᦵᦰᦰ ᦵᦰᦰᦵᦰ ᦵᦡᦰ ᦵᦰ 新型冠状肺炎

　　肺炎　　　冠状　　型　新

从例词可以看出，有的译词没有翻译出"冠状"，对"型"的翻译也都不一致。这些不同的翻译，会影响少数民族受众正确理解和掌握相关的知识。因此在处理自然灾害和公共突发事件中产生的少数民族语新词术语，民族语言文字管理部门要整合资源，组织力量，第一时间规范相关新词术语，及时向社会发布。随着社会的发展，新事物、新思想的产生，新词语和新术语会不断涌现，做好少数民族语新词术语的日常规范，规范社会使用，是语言文字管理部门的工作职责。

总之，在云南这样一个少数民族人口比重大，少数民族通晓汉语文程度低的边疆省份，亟须提高全省协同治理灾害风险、共同应对突发事件、加强少数民族应急语言服务能力建设，探索出一条适合云南实际的少数民族语言应急处置之路。

作者简介

谭玉婷，云南省少数民族语文指导工作委员会办公室副研究员。主要研究方向：傣语言文字政策规划、社会使用，傣语文规范化、标准化、信息化，傣汉双文翻译。

（学术编辑　麻晓芳）

民族院校在国家应急语言规划中的地位与作用*

岩温罕　云南民族大学民族文化学院

云南是中国民族种类最多的省份，除汉族以外，人口在 6000 人以上的世居少数民族有 25 个。云南有 15 个特有少数民族，人口数均占全国该民族总人口的 80% 以上。全省还有 11 个人口较少民族。同时，云南是中国西南的边疆省份，陆地边境线长达 4061 千米，有 8 个州（市）的 25 个边境县分别与缅甸、老挝和越南接壤，与泰国毗邻。云南省 25 个边境县上分布着傣族、哈尼族、彝族、佤族、景颇族、傈僳族、拉祜族、壮族、苗族等跨境民族。

云南是一个多民族、多语言、多文字的省份。云南 25 个世居少数民族中，22 个民族有自己的语言，14 个民族有自己的文字，同一民族中还存在方言差异，同一民族中还使用不同的文字，全省的语言文字情况复杂。云南少数民族地区普遍存在国家通用语言普及率低，特别是解放初期由原始社会末期直接过渡到社会主义社会的民族（简称"直过民族"）聚居区，至今还有很多人基本不通和不能熟练使用国家通用语（普通话）。截至 2016 年底，全省建档立卡不通汉语的"直过民族"贫困人口共有 13 万多人，语言不通导致党和国家的各项方针政策不能及时传达。

语言是人类最基本、最重要交际工具，在经济社会发展中具有重要作用。语言相通才能谈及经贸往来、民心相通、文化交流和文明互鉴。语言又是信息的重要承载体，选择合适的语言形式，对于公共应急事件信息传递质量的优劣起到关键制约作用，关乎国家安全与发展。

当前，我国语言事业取得长足进步，少数民族语言文字工作也蓬勃发展。各民族自治地区也都相继出台各省区的《少数民族语言文字工作条例》，来保障各少数民族使用和发展本民族语言文字的权利。近年来，针对自然气候灾害、突发公共事件的应对及处置，我国加强了相关立法和制度建设，但社会突发事件语言应急能力建设仍是突出短板，影响了突发事件的处置。特别是云南少数民族地区，如何提升突发事件语言应急能力，是需要深入思考的课题。

加强少数民族应急语言规划是一项涉及许多方面的系统性工程，既要考虑少数民族语言建设自身的特殊性，还要遵循社会治理和突发公共事件的一般规律与要求。本文以云南民族大学为例，就民族院校在国家应急语言规划中的地位与作用进行探讨。

一、民汉双语人才培养和专业能力建设

云南省 1400 多万少数民族人口中，尚有 700 多万不通汉语，他们基本上依靠本民族语言文字来进行交际，获取信息，接受党的各项方针政策。云南民族大学最具特色和底蕴的民族文化学院正是基于云南省的基本事实基础上开展民族语言文学的教学科研工作的。民族文化学院的任务就是通过民汉双语教育的教学与科研，发掘和弘扬各民族优秀语言文化传统，提高各民族的综合文化素质，促进民族地区经济社会发

* 本文系国家语委"十三五"科研规划 2019 年度民族班项目"西双版纳社会用字使用问题研究"（项目编号：YB135-146）的研究成果。

展。民族文化学院的"中国少数民族语言文学专业"，涵盖了彝语、傣语（西双版纳、德宏）、景颇语、傈僳语、拉祜语、佤语、纳西语、藏语、哈尼语、苗语、壮语、白语等 13 个语种，也是中国高等院校里开设少数民族语种最多的教学科研单位。迄今为止，为边疆民族地区培养了各类双语专门人才 11000 余人，90% 以上的毕业生回到云南少数民族地区工作。这些精通民汉双语的毕业生成为了各个时期云南少数民族地区各项事业的骨干力量，在云南边疆和谐稳定和民族团结进步方面起到了重要的、甚至是不可替代的作用。

中国少数民族语言文学专业，在 2018—2020 专业综合评价均为 B 类（国内一流专业），2021 年 2 月被教育部认定为"第二批国家一流本科专业建设点"，具有显著的优势和特色。民族文化学院还应不断加强专业建设和人才培养力度，加强教学科研师资力量，组织编写好少数民族语言教材，为少数民族应急语言提供人才储备。

二、少数民族应急语言人才资源库建设

少数民族应急语言人才资源库，包含了少数民族语言和人才两个方面，是应急语言服务的基础资源，能够为突发事件应急提供强有力的民族语言数据支撑，解决应急救灾过程中的语言沟通问题。云南民族大学目前已经建设有涵盖 13 个语种的"民族语言重点实验室""民族语言文化资源库""云南民族文字博物馆"等国内高校一流的语言与文化大数据中心。通过技术手段对少数民族语言数据的扩容和拓展，加强研发少数民族语言翻译软件、少数民族语言机器辅助翻译等技术，探索少数民族语言资源库在突发公共事件应急处置中的应用价值和方式。

少数民族语言是一座富矿，除了宝贵的少数民族语言外，更应该重视熟练精通本民族语言的双语人才。20 世纪 50 年代，云南民族学院（云南民族大学前身）聚集了一大批少数民族语言文字工作者，他们

长期扎根边疆，参与了西双版纳新傣文、德宏新傣文、拉祜文、佤文、傈僳文、景颇文等多种少数民族语言文字方案的创制、改进、完善和推广等工作，为宣传贯彻党的方针政策、抵御境外宗教势力的入侵渗透、弘扬本民族的优秀传统文化作出了具有特殊意义的贡献。云南少数民族众多、语言文字方言情况相对复杂，云南民族大学要积极遴选少数民族语言人才进入"云南省民族语文人才库"，适当放宽少数民族语文人才职称和学历的限制，适时储备跨境语言非通用语（"一带一路"沿线国家语言）专家入库。云南民族大学应发挥自身的多语言多语种的优势，提前布局，组织多方力量开展应急语言服务人才储备工作，加强少数民族语言文字公共服务。出现重大疫情等突发公共事件后，要通过少数民族应急语言人才资源库及时精准地提供、调集各类应急语言服务人才，进一步提升语言应急服务能力，助力云南民族语文工作和民族地区的经济社会文化建设。

三、少数民族应急语言志愿服务组织建设

重大突发公共事件来临时，需要有组织、有计划、有针对性地实施语言应急服务方案，发挥应急语言服务管理体制的作用，协调重大突发事件与专业语言服务人才之间的关系。提升突发事件应急语言能力，要求整合多方面资源，建立从中央到地方、从政府部门到业界学者、从高等院校到民族地区等多方协同、权责明晰的应急语言志愿服务组织体系。

2016 年，云南民族大学校团委成立了大学生"民汉双语志愿服务团"，建立起了校、院两级民汉双语志愿服务组织体系。大学生民汉双语志愿服务团，下设各少数民族语言小分队，主要以民族文化学院精通民汉双语的学生为主，各二级学院学生志愿者配合组成。校团委每年寒暑假前，确定培训目标、内容和对象，委托民族文化学院各少数民族语言教研室专家开展民汉双语理论指导和实践能力培训。自 2016 年起，

少数民族语专业的大学生坚持开展各类"民汉双语"志愿服务。先后开展了民汉双语宣讲"习近平新时代中国特色社会主义的思想内涵""党的十九大精神""精准扶贫政策""国家通用语言文字普及工程""生态文明"等志愿活动。

在云南少数民族地区面对自然气候灾害、社会突发事件和公共应急事件的情况，云南民族大学开展的"民汉双语志愿服务"就是"少数民族应急语言志愿服务"。2020 年寒假新冠肺炎疫情暴发期间，云南民族大学组织了拉祜族、哈尼族等少数民族大学生进行民汉双语宣讲疫情防控科学知识，通过村广播、拉民汉双语横幅、宣传板报、微信公众号等途径，向云南少数民族地区进行播报宣传。云南民族大学师生，还运用少数民族语言翻译和制作了民族语版有声读物《新型冠状病毒感染的肺炎防护知识》（西双版纳傣语、德宏傣语、景颇语、傈僳语、拉祜语五个版本）。

少数民族应急语言志愿服务还可以采用线上线下相结合的服务模式，提供线上少数民族语言的人工翻译服务、在线多民族语种信息发布服务、在线多民族语疫情知识学习服务；线下提供突发公共事件信息搜集、应急语言救济等各类志愿服务。少数民族应急语言志愿服务团队可在校内的汉语、少数民族语、南亚东南亚语等专业进行选拔招募，提前进行应急语言志愿服务的培训。

2020 年暑假，云南民族大学民族文化学院组织了涵盖彝、傣、傈僳、景颇、佤、拉祜、纳西、藏、哈尼、苗、壮、白 12 个民族的 14 支民汉双语志愿服务小分队，到云南省各少数民族地区开展了以"习近平总书记考察云南重要讲话精神、疫情防护知识普及、推普脱贫、生态保护"等为内容的民汉双语志愿服务活动。通过民汉双语宣讲志愿活动，服务边疆少数民族和贫困落后地区，服务民族团结进步事业。通过少数民族应急语言志愿服务，让公共应急事件、社会突发事件能得到快速、精准的解决，让沟通更加便捷更有效率。

语言作为国家软实力和硬实力的重要建设内容，需要从服务国家安全和发展出发，通过一系列举措来建设实施，进一步提升军队战斗力和民族地区经济与文化竞争力，维护国家安全与稳定。在中国，应急语言服务涉及汉语（普通话）、各地汉语方言、少数民族语言以及英语和"一带一路"沿线国家的诸多语言。云南是中国少数民族最多的边疆省份，也是国家"一带一路"倡议的最前沿省份。当前，在国内新冠肺炎疫情虽然得到有效控制，但境外疫情输入风险依然严峻的形势下，云南民族大学还应重视加强民汉双语人才培养和专业能力建设，加强少数民族应急语言人才资源库建设，运用信息化手段，提前规划编译少数民族应急语言的书籍，研发少数民族语言辅助翻译应用软件，建设少数民族应急语言志愿服务体系，积极为我国突发公共事件应急管理做出云南的贡献。

作者简介

岩温罕，云南民族大学民族学科研流动站在研博士后，团委书记，西双版纳傣语教研室主任。主要研究方向：中国少数民族语言文学、傣汉翻译理论与实践。

本文系国家语委"十三五"科研规划 2019 年度民族班项目"西双版纳社会用字使用问题研究"（项目编号：YB135-146）的研究成果。

（学术编辑　麻晓芳）

内蒙古自治区抗疫应急语言服务实践

玲斯玛　胡吉亚　内蒙古自治区民族事务委员会

内蒙古自治区蒙古族人口中绝大多数学习使用着本民族语言文字，蒙古语言文字在全区社会各领域中起着十分重要的作用。中华人民共和国成立以来，在党和国家的正确领导下，我区始终认真贯彻执行党和国家的民族语文政策、法规，加强创新管理和分类指导，不断促进蒙古语言文字的学习使用和繁荣发展。2005 年 5 月 1 日起自治区人大颁布实施的《内蒙古自治区蒙古语言文字工作条例》标志着蒙古语言文字工作进入依法行政的崭新阶段，为促进蒙古语言文字工作大发展大繁荣提供了强有力的法律保障。

2020 年初暴发的新冠肺炎疫情使全区面临巨大的考验。语言相通才能达到信息相通，心灵相通。为了及时、准确地把疫情防控信息传达给全区各族群众，提高群防群控意识，根据《内蒙古自治区蒙古语言文字工作条例》的有关规定，全区民委系统充分发挥蒙汉双语优势，为打赢这场疫情防控阻击战发挥了关键作用。

一、发挥蒙汉双语人才优势，组织开展社区疫情防控工作

自新冠肺炎疫情发生以来，我区充分发挥蒙汉双语工作的优势，组织开展社区疫情防控工作。全区民委系统领导干部，按照各地党委、政府防控工作部署要求，立足防控疫情和工作实际，利用学习强国平台、网络、微信群等方式加强党中央、自治区党委政府对疫情防控工作的决策部署和重要讲话精神、重要文件精神的学习，并落实到行动上。少

数民族党员干部按照"双报到"要求，积极参与社区防控工作，并发挥蒙汉双语优势，挨家挨户开展蒙汉双语疫情防控宣传，摸排返乡人员情况，带头值守在疫情防控执勤点，在打赢疫情防控战中发挥表率作用。呼伦贝尔市鄂伦春自治旗民委深入嘎查村，采用入户走访的方式，向村民宣传疫情防控和卫生健康知识，在村里张贴双语宣传标语，营造防控疫情工作的良好氛围。

二、发挥蒙汉翻译团队优势，组织开展疫情防控宣传工作

全区民委系统充分发挥蒙汉翻译团队优势，第一时间组织翻译疫情防控方面的材料，为农牧民群众和少数民族干部提供蒙古语版的相关防疫知识。疫情期间，共翻译、审定疫情防控资讯、防疫口号、标语、防控手册、防控常识、防控须知、防控指南等文字及音频材料 60 余份，通过内蒙古蒙古语卫视、内蒙古日报社及互联网媒体，及时开展疫情防控宣传工作，为民族地区的农牧民群众和少数民族干部提供了蒙古语版防疫方面材料，方便农牧民群众及时准确掌握疫情防控知识。

为了让蒙古族群众及时了解新型冠状病毒感染的肺炎疫情，内蒙古科学技术出版社组织人员，春节期间加班加点，迅速完成了翻译、编辑、录入、排版、校对等工作流程，于 2020 年 1 月出版了全国首个蒙古文版《新型冠状病毒感染防护》手册（电子版和纸质版），对于第一时间向蒙古族群众普及新型冠状病毒

感染的肺炎疫情有关知识，以及有效指导蒙古族地区科学防控疫情具有重要意义。赤峰市民委制作的蒙古文版《新型冠状病毒疫情防控常识1》被中央广播电视总台收播。鄂尔多斯市民委及各旗区民委精心制作蒙汉双语疫情防控宣传标语，通过微信公众平台、门户网站、微信群、张贴横幅等形式进行宣传，教育引导各族群众增强战胜疫情信心，增强中华民族的凝聚力和向心力。市民委、市第四人民医院共同译制蒙汉双语版《应对新型冠状病毒肺炎疫情心理调适指南》。达拉特旗民委制作蒙汉双语版疫情防控知识音频资料，大力宣传疫情防控知识及相关内容。伊金霍洛旗民委与融媒体中心共同制作疫情防控指南（动漫版）。

三、规范疫情防控相关蒙古语名词术语和宣传标语

内蒙古自治区蒙古语名词术语委员会每年搜集、整理、审定、公布蒙古语新词术语并发布公报。目前为止，已发布了120多期《公报》、审定统一了20000余条蒙古语新词术语，发往各协作省区，并刊发在《内蒙古日报》蒙古文版和《中国蒙古语新闻网》，还编辑出版了《新词术语公报汇编》。

疫情期间，内蒙古自治区民委积极联系自治区蒙古语文翻译工作部门和电视台蒙古语卫视、内蒙古日报社蒙编部等媒体，及时审定统一新型冠状病毒肺炎的蒙汉文名词术语，并组织自治区蒙古语名词术语委员会常务委员会议，通过现代技术渠道讨论通过了"紧紧依靠人民群众，坚决打赢疫情防控阻击战"等20余条防治疫情工作相关的蒙古语新词术语和宣传标语。

四、用蒙古语创作、演出文艺作品，丰富疫情期间人民群众的精神生活

各地乌兰牧骑充分突出自身小型、便捷、灵活、一专多能的特点，通过"网上乌兰牧骑"行动，结合少数民族歌舞特点，用蒙古语创作疫情防控文艺作品，使少数民族群众更直接、更生动、更简易的方式接受疫情防控知识。内蒙古阿拉善盟乌兰牧骑、杭锦旗乌兰牧骑、喀喇沁旗乌兰牧骑、兴安盟乌兰牧骑等创作了《英雄》《为最美逆行者点赞》《风雨同舟 共渡难关》《新型冠状病毒预防知识顺口溜》《正确防护》等多部作品，以歌、舞、乐、小戏小品、乌力格尔、好来宝等形式反映各条战线抗击疫情的感人事迹，宣传防疫知识，通过主流媒体及微信、抖音、快手等新媒体广泛宣传，引导少数民族群众学习疫情防控知识，做好个人防护工作。内蒙古广电网络上的"乌兰牧骑：红色文艺轻骑兵"专区为网民提供以往乌兰牧骑演出的歌舞、器乐、舞台剧、话剧、下乡演出等节目。目前，专区覆盖超过100万个家庭，31支乌兰牧骑队伍表演的176个节目上线，节目时长1200多分钟。这些节目在疫情期间丰富了人民群众的精神生活。

作者简介

玲斯玛，内蒙古自治区民族事务委员会一级调研员、译审。主要研究方向：蒙古语言文字学习使用、蒙古语文翻译。
胡吉亚，内蒙古自治区民族事务委员会民族语文处主任科员。主要研究方向：蒙古语言文字应用。

（学术编辑　麻晓芳）

语言生活研究

我国语文考试改革的回顾与展望

顾之川　人民教育出版社

[摘　要]　我国语文考试与时代同步，成为教育改革的"晴雨表""风向标"。探索期注重基础知识，政治色彩浓，作文受到高度关注。奠基期突出阅读写作能力，从注重知识到知识能力并重再到学科素养，题目命制进行了标准化、能力层级、探究题等探索。发展期更加强调立德树人，贴近时代，注重考查综合素质，降低难度，回归教材与课堂，创新题型设计。未来的语文考试将突出考查语文学科素养、关键能力与必备知识，落实课标精神，加强情境设计，贴近教学实际，注重实际应用，进一步落实立德树人、服务选拔、引导教学的任务，为高校选拔人才和中学教学育人发挥引领作用。

[关键词]　[关键词]新中国　语文　考试　改革　展望

我国语文考试与时代同步，见证了社会主义新中国的建设、改革与发展，为社会提供了源源不断的人才保障和智力支持。高考作为世界上最大规模的统一考试，语文试题尤其作文题目备受关注。从某种程度上说，语文考试已成为中国教育改革的"晴雨表""风向标"，是引领中小学素质教育的"指挥棒""助推器"，构成一道独特的教育文化景观。

本文以新中国成立、改革开放和党的十八大召开为时间节点，把70年来的语文考试改革大致分为三个阶段。第一阶段是探索期（1952—1965），第二阶段是奠基期（1977—2012），第三阶段是发展期（2013—2019）。语文考试从政治立意、知识立意逐渐向关键能力和学科素养立意转变，由单一的选拔功能向立德树人、服务选拔、引导教学转变，为高校选拔人才和中学教学育人发挥了积极作用。回顾其改革历程，归纳其演变规律，概括其发展特点，

有助于不忘过去，把握现在，面向未来，为服务立德树人、考试育人作出贡献。不妥之处，敬祈同仁教正。

一、探索期（1952—1965）

中国是考试的故乡，历来重视考试取士，公平选才。从尧对舜"吾其试哉"，到魏晋时期的九品中正选官再到唐代的科举制度，创造了悠久的考试历史、丰富的考试经验和厚重的考试文化。考试作为教育事业的重要组成部分，必然反映时代风尚和社会对人才的要求。1949年9月29日通过的《中国人民政治协商会议共同纲领》提出："中华人民共和国的文化教育为新民主主义的，即民族的、科学的、大众的文化教育。"教育考试又有着自身的规律，只能渐变，不可能采取摧枯拉朽般的革命。1949年各高校仍沿袭旧

制单独招生。1950 年、1951 年以各大行政区为单位，实行全部或局部高等学校联合或统一招生。1951 年 12 月 1 日，教育部发布《关于全国高等学校一九五二年暑期招考新生的规定》，决定实行全国统一命题，这才标志着全国高校统一招生考试制度正式建立。

1952 年至 1965 年实行全国统一命题（1958 年为分省命题）。1966 年 6 月 18 日，《人民日报》发表社论，提出废除现行高校招生考试办法，同时配发北京四中和北京第一女子中学学生要求废除高考的公开信。7 月 24 日，《人民日报》发表中共中央、国务院《关于改革高等学校招生工作的通知》，决定"高等学校招生，取消考试，采取推荐与选拔相结合的方法"。1973 年辽宁发生张铁生"白卷事件"。语文考试随社会政治运动而被迫取消。但由于这一阶段高中教育规模普遍较小，高中生数量少。比如 1960 年考生 35 万人，录取新生 32.3 万人。因为录取率高，竞争并不激烈。这一时期的语文高考具有以下几个特点：

1. 从重视基础知识到只考作文和文言文。开始是考阅读、基础知识和作文（1952—1959），后来只考作文和文言文（1960—1965）。基础知识主要考查标点符号、汉语拼音、词语（包括成语）解释与运用、修改病句和文学常识，偶尔也考语法修辞和划分段落（1959 年）。值得注意的是，在作文题的"注意事项""评分标准"中，都特别提到写字和标点符号。如"标点符号（占总分数 10%）"（1953 年），"正字及标点符号"（1954 年），"正字（写通用的简体字也算对）及标点符号"（1955 年），"字要写清楚，要用标点符号"（1956—1957），"要分段、标点""字迹要清楚"（1959—1963），后又在此基础上增加了"不要写自造的简体字"（1963—1965），"写繁体字不算错"（1963 年），"繁体字不算错"（1964 年）。

语文考试重视基础知识，特别是标点符号、汉语拼音和简体字，显然与当时重视语言文字的社会氛围有关。新中国成立初期，学习语文成为全党全国人民的政治任务。1951 年 2 月 1 日，中共中央发布《关于纠正电报、报告、指示、决定中的文字缺点的指示》；

6 月 6 日，《人民日报》发表社论《正确地使用祖国语言，为语言的纯洁和健康而斗争》，同时开始连载吕叔湘、朱德熙的《语法修辞讲话》（12 月 15 日结束）；9 月 26 日，《人民日报》发表叶圣陶起草的《标点符号用法》；10 月 5 日，政务院发布《关于学习〈标点符号用法〉的指示》。1956 年 1 月 31 日，《人民日报》发表国务院《关于公布〈汉字简化方案〉的决议》和《汉字简化方案》。1958 年全国人大一届五次会议通过关于《汉语拼音方案》的决议。1960 年中共中央发布《关于推广注音识字的指示》。在这种背景下，正确使用标点符号，认识汉字和汉语拼音，不仅关乎考生的语文基础知识，更是新中国公民素养的体现。

2. 试题选材紧跟形势，政治色彩浓。如 1952 年阅读题是《一个走上正轨的合作社》，作文题"记一件新人新事"。1953 年阅读题《"打鱼人"》反映炼钢模范创造快速炼钢的事迹。1955 年阅读题选自毛泽东在全国政协第一届全体会议上的讲话《中国人民站起来了》。1959 年基础知识题，要求解释成语"实事求是"和"一蹴而就"，所用例句，一是"共产党员，有最伟大的理想，最伟大的奋斗目标，同时，还有最切实的'实事求是'的精神和实际工作，这就是我们共产党员的特点"，一是"共产主义事业，真是如我们所说的'百年大业'而不能'一蹴而就'的"。1960 年作文题"我在劳动中受到了锻炼/大跃进中的新事物"。1965 年"给越南人民的一封信/谈革命与学习"。作文评分标准也重视文章的思想性，如 1960—1961 年的《作文评分标准说明》有"通篇思想有严重错误的不给分"的要求。

3. 文言文逐渐受到重视。主要表现在三个方面：一是由不考（1952 年）到考（1953 年），题目由少到多。二是考查方式由单一到复杂，从只在文学常识题中涉及（《项羽本纪》《资治通鉴》和唐朝最著名的两位诗人，1953 年），到后来出现翻译、加标点符号、词义辨析、解释虚词用法（1963 年）等多种题型。三是所占分数逐渐增加。从 3 分（1953 年）、14 分

（1954 年）、22 分（1956 年），到 50 分（1960—1965），文言文与作文各占总分的 50%。

4. 写作一直受到高度重视。表现在三个方面：一是作文在整套试卷中所占分值多数是 50%（1953 年占 60%，理工农医类考生占 70%）。二是答题顺序的变化，除 1952 年先考测验（包括阅读和基础知识）后考作文外，从 1953 年开始，都是先考作文。三是作文命题由突出政治转向贴近学生实际。如"我的报考志愿是怎样决定的"（1954 年），"我准备怎样做一个高等学校的学生"（1955 年），"生活在幸福的年代里"（1956 年），"我的母亲"（1957 年），"记我的一段有意义的生活"（1959 年），"我在劳动中受到了锻炼"（1960 年），"我学习了毛主席著作以后／一位革命前辈的事迹鼓舞了我"（1961 年），"说不怕鬼／雨后"（1962 年），"唱国际歌时所想起的／'五一'（国际劳动节）日记"（1963 年），"读报有感"（1964 年）。当时也有人主张只考一篇作文，后来又不断有人提出这个问题，但都没有被采纳。因为阮真《国文科考试之目的及方法》（1932）早已指出："通常所谓学生国文程度之好坏，仅据一篇作文以定分数者，实缺乏科学的根据也。盖学生对于各种文体，各种题目，恒以知识经验之差别，而各有其短长。仅据一篇作文以判断其国文程度，固未得为甚当也。"

总之，这一时期的语文考试，配合新中国社会主义建设运动，紧跟当时的形势，突出政治立意，左右摇摆，题型单一，题量较少，题干设计简单，总体上还处于探索阶段。

二、奠基期（1977—2012）

1977 年在邓小平主导和推动下，我国恢复了中断 11 年的高考制度。当时因时间仓促，教育部来不及组织统一命题，实行分省命题。邓小平《在全国教育工作会议上的讲话》（1978 年）中指出："考试是检查学习情况和教学效果的一种重要方法，……要认真研究、试验、改进考试的内容和形式。"1978 年恢复全国统一命题。20 世纪 90 年代以后，中学教育逐渐陷入"考什么教什么"的怪圈，大搞题海战术，机械训练，学生负担越来越重，社会怨声载道。1989 年 6 月 27 日，国家教委发布《普通高等学校招生全国统一考试标准化实施规划》。1993 年中共中央、国务院印发的《中国教育改革和发展纲要》明确指出，中小学教育要由"应试教育"走上全面学生素质的轨道。1999 年，中共中央、国务院发布《关于深化教育改革全面推进素质教育的决定》。一时间，"应试教育"人人喊打，语文考试首当其冲，受到猛烈抨击："语文考卷，误尽苍生""考倒鲁迅、巴金"，甚至有取消高考的呼声。时任教育部考试中心主任杨学为在《高考改革与国情》（1999）中指出：高考不是单纯的教育问题，脑体差别是高考竞争的根源，考试是竞争的手段，高考是选拔性考试，高考内容改革必须加强对创新能力的考核。张伟明在《语文教学和高考的问题及改进策略》（1999）中指出："高考的目标是为高等学校选拔人才，同时它对中学教学也具有反馈作用。从语文学科来看，考试要求公正、公平，而教学要求开放、灵活；试题的答案要求是唯一或可控制，而教学则是鼓励思维的多样性和合理性。这是一对矛盾，协调起来非常困难。有人主张放弃考试的科学性来迁就教学，这是一种消极的态度，甚至隐含了对教学更大的伤害。'文化大革命'时取消高考就是例证。考试不讲科学就等于取消考试，教学的地位、教师的地位都会因此受到影响。可见，考试改革要坚持科学的方向，并考虑到教学的实际情况，逐步向前推进，而不是后退。"

教育部于 1999 年启动新一轮高考改革，命题范围遵循但不拘泥于大纲，增加应用型和能力型试题。后来随着教材普遍实行"一纲多本"，又提出命题遵循大纲但不拘泥于教材。2002 年开始实行"3+X"高考改革方案。分省自主命题由上海（1985 年）、北京（2002 年）扩大到 16 个省市（2004—2006），最多时一年有 18 套高考语文试卷（全国卷 3 套、分省卷 15 套）。2004 年教育部实施高中语文课程标准和教材实验，2007 年至 2012 年，全国高考语文也开始逐步使用新课标卷。

这一时期的语文考试，在朱德熙、潘兆明、章熊、汪寿明、柳士镇等主持下，从考查导向、考试内容到题型设计，紧跟国家教育改革步伐，强基固本，坚持改革，稳中求新，稳中求变，初步形成了科学系统、符合中国实际的考查评价体系。

1. 考试内容：突出阅读与写作能力

1978 年语文《考试复习大纲》，明确高考语文考查阅读和写作两部分内容，阅读分语体文（现代文）和文言文。这对纠正"文革"给语文教学带来的混乱具有拨乱反正的作用，也为后来的语文《考试大纲》奠定了坚实基础，具有积极而正确的指导意义。1978 年高考语文试题，只考标点符号、词语、语病和作文。作文要求先阅读《速度问题是一个政治问题》，然后缩写。朱德熙在《高考语文试题和中学语文教学》(1978) 中说："中学语文教学也好，高考语文试题也好，都得服从中学语文教学的根本目的，这就是培养学生的阅读能力和写作能力。如果说高考试题是指挥棒，那么语文教学的目的就是更大的指挥棒。看清了这一点，中学语文老师就没有必要从每年的高考题里去探测风向了。风向已经定了，是不会变的，会变的只是具体的考试方法。只要我们致力于从根本上提高学生的阅读能力和写作能力，就可以'以不变应万变'，不管高考出什么样的题目，我们的学生都能应付自如。"对此，叶圣陶（1979）给予极高评价："入学考试要考语文，目的是什么呢？目的是测验考生的阅读能力和写作能力，也就是理解语文的能力和运用语文的能力，看他们够得上够不上大学所要求的水平。这一回的作文题兼顾这两方面，因此我认为值得称赞。这当然不是唯一的方式，只要认真想，别的比较好的方式一定还有。尤其值得称赞的，这一回的作文题打破了命题作文的老传统，是思想上的大突破，大解放。"突出语文学科的工具性目标，着重考查读写能力，成为高考语文的指导思想，并一直延续至今。

2. 考查导向：从注重知识到知识能力并重再到学科素养

在考查导向上，从注重语文基础知识到知识与能力并重，再到全面考查语文学科素养，尤其注重对实际应用和创新能力的考查。

1977—1983 年，由于高考刚恢复，出于拨乱反正的需要，语文高考注重考查学生的语文基础知识，包括标点符号、词语、语病、汉语拼音、语文常识（文学、语言及工具书常识）和文言文翻译，作文也注重实用性写作能力，如缩写、改写、读后感、命题作文、看图作文等形式。这种导向有利有弊，总的来看，利大于弊，为在全社会纠正"文革"乱象、形成"尊重知识、尊重人才"的风气发挥了很好的引领作用，但也为后来愈演愈烈的死记硬背、"应试教育"等埋下隐患。

1983 年，语文试卷的分值由原来的 100 分增至 120 分（1993 年增至 150 分）。1984 年进一步改革，由知识立意到知识与能力立意并重。具体表现在三个方面：一是试卷结构，形成"现代文"（40 分）、"文言文"（30 分）、"写作"（50 分）三大板块。二是弱化语文基础知识，基础知识由最多时的 45 分（1978年）减至 10 分（1984 年），1985 年又增至 20 分。全国卷一直坚持考查"语言知识及语言运用"，2007 年课标版《考试大纲》改为"语言文字运用"。2008 年在"作文评分标准"中提出"每一个错别字扣 1 分，重复的不计"。三是首次将现代文阅读引入高考，选文以社科论文为主，注重名家经典，如路易斯·亨利·摩尔根《古代社会》（1984 年），朱自清《经典常谈·史记汉书》（1985 年），吕叔湘《〈叶圣陶语文教育论集〉序》（1995 年），郁达夫《〈中国新文学大系·散文二集〉导言》（1997 年），陶行知《创造宣言》（1999 年）。后来也有当代作品，如宗璞《报秋》（1998 年），鲍昌《长城》（2000 年），林非《话说知音》等。1986 年，我国启动"863 计划"，科学技术是第一生产力成为共识，科技文阅读逐渐进入高考语文试卷，如加德纳"哺乳鸟"（1986 年）、叶圣陶

《景泰蓝的制作》（1989 年）、《未来的通信手段》（1992 年）等，形成社科文、科技文和文学作品交替出现的局面。

3. 题型设计：标准化、能力层级到探究题

教育部考试中心一直注重加强考试研究，并将相关研究成果反映到每年的语文高考试卷中。语文考试从标准化、能力层级到探究题，都做了积极探索和研究，基本形成语文考试的内容结构模式。

"标准化"本来是西方二次工业革命的标志，标准化考试要适合机器阅卷，能够提高命题的科学性和评分的客观性。尽管标准化并不等于选择题，但客观上带来选择题的增加。我国的标准化考试改革，1985 年从广东开始，数学、英语先行。语文从 1987 年开始标准化实验，参加首批实验的有广东、辽宁、山东、广西、湖北、四川、陕西等省区。当年选择题占全卷46.7%，1990、1992 达到 48.3%。章熊在《语文标准化考试的几个反馈信息》（1988）中就指出选择题的 4 个弱点："1. 选择题不能检测发散性创造思维；2. 选择题只检测思维结果而无法检测思维过程；3. 一些重要的语文能力，特别是语感和语言操作能力，难以用选择题检测；4. 即使是客观试题，有些也难以编成选择题。"选择题的形式曾实验过三选一、四选一、五选一、五选二，现在基本固定为四选一。

在标准化改革的基础上，1991 年至 2006 年，语文组又进一步研制出语文能力层级，形成"识记、理解、分析综合、表达应用、鉴赏评价"的试卷结构。其中"识记、理解、分析综合"是基础，是逐步深化的关系；"鉴赏评价""表达应用"是在阅读和表达方面的发展，呈分叉并列状，正像羊头上长着的两只角，因此语文能力层级又被形象化地称为"羊字结构"。这一研究成果反映在 1996 年《考试说明》中。语文能力层级有利于把握不同难度题目之间的均衡度，减少盲目性，正如张开、赵静宇《恢复高考后语文科改革与发展述略》（2017）所说："较好地体现了语文学科的能力要素及其发展规律，它不仅为考试命题在考查能力方面提供了理论依据，同时也为语文教学如何培养学生的语文能力提供了理论指导。"

2003 年，教育部颁布《普通高中语文课程标准（实验）》，明确"积极倡导自主、合作、探究的学习方式"。为了适应这一变化，2007 年课程标准版《考试大纲》，在原来 5 个能力层级的基础上，又增加了"探究"的能力层级，试卷在阅读题中增设探究题型。如"盛宣怀办学成功的主要原因，有人认为是他有丰富的办学经验，有人认为是他教育思想先进，有人认为是他经济实力强，有人认为是李鸿章的培植。你的看法呢？请就你认同的一种原因进行探究"（2009 海南、宁夏卷）。探究题的答案不是唯一的，只需答出自己认同或感受最深的一点即可。除了提供的答案外，往往还在"评分参考"里说明："如有其他答案，可根据观点明确、理由充分、论述合理的程度，酌情给分。"

为了体现课程标准"时代性、基础性和选择性"的要求，课标卷还对试卷结构作了调整，分为阅读与表达两大板块，主要是为了增设选作题。第Ⅰ卷阅读题（70 分），包括现代文阅读和古诗文阅读，其中"论述类文本"为必作，"文学类文本"和"实用类文本"为选作；古诗文阅读包括文言文阅读、古诗词阅读、名句名篇默写。第Ⅱ卷表达题（80 分），包括语言文字应用和写作。

此外，这一时期的高考作文，先是缩写（1978年）、改写（1979 年）、读后感（1980—1981）、漫画（1983 年）、写信（1985、1989 年）等实用性写作；后来是标题作文，如"先天下之忧而忧，后天下之乐而乐"（1982 年）、"习惯"（1988 年），话题作文如"假如记忆可以移植"（1999 年）、诚信（2001 年），再到新材料作文"乌鸦抓山羊"（2006 年）、"中国崛起"（2011 年）、"船主和油漆工"（2012 年），而且允许对所给材料进行多角度立意，也反映了命题工作者的艰辛探索和创造性追求。

三、发展期（2013—2019）

党的十八大以后，立德树人成为我国教育改革的

主旋律，考试改革步入深水区。高考考试内容改革出现了新的情况：第一，国家政策导向。《国务院办公厅关于深化考试招生制度改革的实施意见》（2014年），全国教育大会（2018年），《国务院办公厅关于新时代推进普通高中育人方式改革的指导意见》（2019年），标志着中国教育进入新时代。第二，新高考改革实验。从2014年开始陆续进行了三批新高考改革实验。第一批（2014年）上海、浙江，第二批（2017年）北京、天津、山东、海南，第三批（2018年）河北、辽宁、江苏、福建、湖北、湖南、广东、重庆。第三，全国卷与分省卷并存。从2015年起，除北京、天津、上海、浙江、江苏仍使用各自的分省卷外，其他分省命题的省份不再自主命题，改用教育部考试中心命制的全国卷（江苏从2021年起改用全国卷）。第四，取消《考试大纲》。《普通高中语文课程标准（2017年版2020年修订）》和统编高中语文教材开始使用，《考试大纲》取消。这些无疑为语文考试改革提供了价值目标、根本遵循和现实依据。

这一阶段的语文考试，具有以下特点：

1. 服务立德树人，引领素质教育

语文高考改革致力于推进素质教育，科学选拔人才，用考试"指挥棒"服务立德树人，引领素质教育，相信每个学生都是独一无二的，促进学生全面、有个性地发展，回归课堂，回归教材。通过考试，让学生有获得感，教师有成就感，家长有满足感。现代文阅读所涉及的卢作孚、吴良镛（2013年），邓叔群、玻尔、侯仁之（2014年），戴安澜、朱东润（2015年）、墨子号量子卫星（2018年）、港珠澳大桥（2019年），着眼于对理想信念、爱国主义、品德修养、奋斗精神的考查，同时也有利于在当代青年中传承民族精神，弘扬爱国主义，树立民族自信心和自豪感，实现中华民族的伟大复兴。

2. 贴近时代需要，考查综合素质

为了适应新时代对语文核心素养的要求，试题立足语文学科特点，考查支撑终身发展、适应时代需要的语文关键能力，即现代文阅读、古诗文阅读、语言文字运用和写作能力。既是对高考语文传统命题经验的"守正"，也有新形势下语文核心素养的"出新"。通过精心选取语料，巧妙设计试题。比如，全国卷作文话题：2016年"语文学习""小羽的创业故事"；2017年"中国关键词""中华名句""高考改革40年"；2018年"世纪宝宝中国梦""改革开放三部曲""幸存者偏差"；2019年"青春报国""热爱劳动"；2020年"疫情中的距离与联系""携手世界，共创未来""历史人物任评说"等。这些话题具有鲜明的时代气息，从文化、历史、实践三个层面切入，引导学生深入思考，要求写出自己的认识与感悟，或提出希望与建议。在考查语言表达和文字写作素养的同时，也考查学生的信息加工、领会学习、逻辑推理与独立思考能力。

3. 降低试题难度，回归教材与课堂

试题总体难度降低，增加宽度与广度，注重回归教材与课堂，联系社会生活实际，增强综合性、开放性、应用性、探究性。2013年传记阅读开始以"相关链接"的方式使用非连续性文本，2017年新闻阅读《垃圾分类》直接以三则含有文字和图表的非连续性文本形式呈现。2019年现代文阅读考鲁迅《理水》、叶嘉莹论杜甫诗和法国莫泊桑《小步舞》，古诗文阅读考《史记》中的贾谊、商鞅、吴起，刘禹锡、杜荀鹤、陈与义的诗，这些作者或历史人物都曾在中小学语文教材和其他读物中出现过，早已为学生所熟知，而试题只是对高中语文教学的自然而合理的引申与拓展而已。这对高中语文教学无疑会具有积极的引领与导向作用，即在平时教学中，扎扎实实落实课程标准的要求，学好吃透教材，真正实施素质教育。

4. 创新题型设计，强调实际应用

从2014年开始，名句名篇默写题不再只是简单地要求默写，而是给一定的情境，要求根据上下文语境进行补写，要求在理解的基础上背诵默写，突出对古诗文名句的实际理解和运用能力。文言文增设断句题和文化素养题，既考查古诗文阅读能力，又引导学生加深对中华优秀传统文化的理解应用。2014年"瑶族村三日行"，2015 年"保护水资源"邮票等图文转换以及信息提炼与加工等，不仅探索了语言文字应用的新题型，也体现了大数据、多媒体和自媒体时代的特征。

四、问题与展望

语文考试有待进一步研究的问题主要有：一是社会需要什么样的写作能力，如何加强写作教学？如何解决高考作文的套作、抄袭问题？二是目前作文评分平均分虚高，标准差、区分度、信度比较低，如何加强作文评分管理，提高评分质量？三如何是协调信息类阅读与文学类阅读的关系？四是如何加强试题的情境设计？如何增强试题的探究性、综合性、应用性，如何进行跨学科命题？等等。

中国教育进入新时代，必然要求发展素养教育，推进教育公平，实现教育现代化，建设教育强国，办好人民满意的教育。为此，教育部考试中心于 2019 年11 月发布《中国高考评价体系》和《中国高考评价体系说明》，作为深化高考内容改革的基础工程、理论支撑和实践指南。未来的语文考试，必须准确把握高考的时代特征，坚守高考的核心立场，明确高考的考查内容和要求，灵活运用不同类型的试题情境，以价值引领、素养导向、能力为重、知识为基为改革思路，进一步发挥语文在考试内容改革中的引领作用。

第一，进一步围绕发展素质教育做文章。突出立德树人导向，弘扬责任担当、家国情怀、信仰敬畏、英雄气概，引导学生坚定理想信念，厚植爱国情怀，加强品德修养，增长知识学识，培养奋斗精神，增强综合素质，促进身心健康。服务国家对创新型人才的要求，鼓励独立思考，培养创新意识，发展个性特长，提高综合素质，具有宽广的知识面、敏锐的观察力、深厚的文化素养和较强的创新能力。

第二，突出考查语文学科素养、关键能力与必备知识。落实语文学科的工具性目标，立足于中国的国情语情，突出语文作为中华民族通用语的特点，培养

学生崇敬中华母语、热爱祖国语文的思想感情，提高正确理解和熟练运用祖国语言文字的能力，包括精读、泛读等阅读策略的灵活运用，对文本信息的审视阐释，以及语言表达和文章写作的能力。树立"大语文教育"观，培养联想、想象及思维能力，包括批判性思维和创新思维，培育审美情趣，增强中华文化底蕴，树立文化自信。

第三，落实课标精神，贴近教学实际。《普通高中语文课程标准（2017 年版）》提出语文核心素养，明确 18 个语文学习任务群，提倡整本书阅读。语文考试理应体现课标精神，发挥好对高中语文教学的积极引领和"指挥棒"作用。以典型任务为内容，以综合考查为导向，通过阅读与鉴赏、表达与交流、梳理与探究等综合性实践活动，考查学生运用所学知识分析问题、解决问题的实际能力。

第四，加强情境设计，注重实际应用。根据实施新课程后不再制定考试大纲的实际，语文考试将进一步优化考试内容，注重联系社会生活实际，增加试题的基础性、综合性、应用性、创新性。科学设置试题难度，命题要符合相应学业质量标准，体现高考选拔功能。突出任务驱动，强化情境设计，以真实、具体的语文实践活动情境为载体。作文命题将更加贴近时代、贴近社会、贴近学生实际，强调实用性写作，鼓励写真情实感，注重时代新人的视野与眼光。

高考是一项具有鲜明中国特色的基本教育考试制度，也是实现教育公平乃至社会公平的根本保证。尤其是语文考试，政策性强，涉及面广，公众关注度高，社会影响大。70 年来，一代代语文考试工作者，包括高校学者、教研员和一线教师披荆斩棘，接续前行，从考试理论到命题实践，不断探索，逐步完善，取得了丰硕成果，建立起适合中国实际的语文考试评价体系。波澜壮阔，可歌可泣，功不可没。未来的语文考试，必将围绕立德树人根本任务进一步改革，履行好为国选才育人的重大使命。语文考试改革永远在路上。

参考文献

[1]《中国考试》编辑部:《高校考试招生制度 70 年大事记》,《中国考试》2019 年第 10 期。

[2] 阮真:《国文科考试之目的及方法》,《国文国语教育论典下》,语文出版社 2014 年版。

[3] 邓小平:《在全国教育工作会议上的讲话》,《中国教育报》1983 年 7 月 7 日。

[4] 孙绍振:《炮轰全国统一高考体制》,《孙绍振论高考语文与作文之道》,福建人民出版社 1999 年版。

[5] 杨学为,《高考改革与国情》,《求是》1999 年第 5 期。

[6] 张伟明:《语文教学和高考的问题及改进策略》,《中学语文教学》1999 年第 1 期。

[7] 朱德熙:《高考语文试题和中学语文教学》,《朱德熙文集 4》"语文教学与研究",商务印书馆 1999 年版。

[8] 叶圣陶:《去年高考的语文试题》,《叶圣陶教育文集 3》,人民教育出版社 1997 年版。

[9] 章熊:《语文标准化考试的几个反馈信息》,《课程·教材·教法》1988 年第 9 期。

[10] 张开、赵静宇:《恢复高考后语文科改革与发展述略》,《中国考试》2017 年第 3 期。

Chinese Examination Reform in China: A Review and Outlook

Gu Zhichuan

(Zhejiang Normal University/People's Education Press)

Abstract: Chinese examination in China keeps pace with the times and has become the "barometer" and "weather vane" of educational reform. In the exploration period, basic knowledge, strong political color, and writing were highly concerned. During the foundation period, the ability of reading and writing was highlighted, from the focus of knowledge, to equal stress on knowledge and ability, and then to subject accomplishment, in which the writing instruction was explored in terms of standardization, competence level and inquiry questions. In the development period, moral education and close to the times are strengthened, along with examination of comprehensive quality, reduction in test difficulty, return to teaching materials and classroom, and innovative design of test. The future Chinese examination will focus on Chinese subject accomplishment, critical ability and essential knowledge, with an eye on the implementation of the curriculum standards, situational design and teaching practice, so as to further serve talents selection and cultivation as a leading role in secondary schools and Colleges.

Key word: New China; Chinese; Examination; Reform; Outlook

作者简介

顾之川,人民教育出版社编审,中国教育学会中学语文教学专业委员会原理事长。

（学术编辑　朱宏一）

语言资源研究中的知识观刍议*

梁京涛　教育部语言文字研究所　北京师范大学

张宏杰　河北民族师范学院马克思主义学院

[摘　要]　随着语言资源研究的深入，过去的语言符号观显得不合其时，语言知识观更能契合语言资源开发的需求。本文在前人基础上，从语言与知识的关系出发来管窥知识观，以期转变语言资源研发理念，开发其中蕴藏的知识，助力人工智能的智能水平提升。语言与知识的关系可以分为外部关系和内部关系：从外部关系来看，语言对知识有着表达、承载和传播等作用；从内部关系来看，语言是知识的来源、语言对陈述有着打磨作用、语言是确证的标准、知识在语言的传递中会发生磨损。

[关键词]　语言资源；知识观；外部关系；内部关系

一、引言

随着时代的发展和研究的深入，问题驱动下的语言资源研究逐渐成为研究热点。语言濒危问题带动一系列以语言保护为宗旨的语言资源实践活动，语言资源因此受到极大的关注。语言资源的保护自然十分重要，但语言资源保护的根本目标还是在于开发和利用。早在 2008 年开展中国语言资源有声数据建设时，国家语委、学界就曾论述过语言资源开发的问题；2015 年中国语言资源保护工程更是明确"要在语言资源基础上开发语言鉴别系统"（曹志耘，2015），"开发在线学习系统服务于少数民族语言学习"（丁石庆，2018）。这些实践活动的开展积累了海量的语言资源，对语言资源的开发利用势必成为新的驱动力。

二、语言观的转变

从保护到开发利用的转变意味着语言观的转变。目前较为主流的语言观是"语言符号观"。在线翻译基于符号观将非登录文本分词后，根据词典的释义将其结果按照源语符号顺序输出，导致其译文质量不高，而破解的方式就在于持续动态扩充语言资源并关注符号背后的知识。此处的语言资源不同于"将语言看作资源"中的"资源"：后者是语言资源观，属于认识层面；而前者在上文指的是双语或多语平行文本，是语言资源的具体类型，属于存在层面（梁京涛，2020）。无论是语言资源保护还是开发利用，其客体都是存在层面的语言资源。这与自然语言处理领域为了突破发展瓶颈而提出的"大数据＋富知识的双轮驱动"不谋而合（孙茂松，2019）。而透过语言符号关注其承载的知识就已经进入了另一种语言观范畴，即"语言知识观"。

语言知识观是"将语言看作知识"的观念。平常所谓的"语言知识"是"语言的知识"，"语言"和"知识"之间是一种修饰关系；而语言知识观强调"语

---

*　本文系 2020 年国家语委"十三五"科研规划重点项目"民族地区国家通用语言文字和教学能力提升策略研究"（ZDI135-143）、2019 年度国家民委民族研究青年项目"中国共产党少数民族语言政策史研究（1921—2019）"（2019-GMC-054）、国家语委"十三五"科研规划 2018 年度一般项目"语言信息处理技术测评的规划与开展"（YB135-90）及 2017 年度国家社会科学基金青年项目"满清中央政权语言政策史研究"（17CYY011）的研究成果。

言是知识"，"语言"和"知识"之间是一种判断关系。① 知识说起来简单，说清楚却不容易。知识哲学领域把知识定义为"经过确证的真陈述"（陈洪澜，2008），但确证需要标准，标准与领域有着密切的关系。在自然科学领域，确证的标准可以是唯一的，例如"1+1＝2"就是真理。但在人文社科领域，标准却因人而异，例如因"祭天、祭孔、祭祖"是否属于封建迷信和偶像崇拜引发的中西礼仪之争。

学界对知识的研究和对语言的研究源远流长，但是把二者放在同一个层面考量的时间却还不太长。学界将语言与知识的关系作为研究的起点时论述也多停留在"语言是知识的载体"等方面，并未深入内部，例如邱质朴（1981）的相关论述。只有少数学者，如王锋（2018）提出"语言蕴藏着知识"。上述两种论述看起来相似却有着很大不同，因为根据"语言蕴藏着知识"可以说"语言是知识的载体"，而根据"语言是知识的载体"却不能说"语言蕴藏着知识"。《现代汉语词典（第七版）》中"载体"是"科学技术中某些能传递能量或运载其他物质的物质"，给人的印象是语言这辆汽车上装着知识，是"表"；而"蕴藏"是"蓄积而未显露或未发掘"，给人的印象却是语言里面藏着知识，是"里"。此处"表"和"里"高度相似，却也有不同。在"表"中，语言对知识的影响是形式的——它只会改变知识的外在形式，极少涉及语言对知识本质的影响；而在"里"中，语言对知识的影响却是本质的——它甚至可以成为知识证实的条件。"表"与"里"的本质区别在于语言对知识的影响是形式的还是本质的。为了研究方便，本研究把"表"叫做外部关系，"里"叫做内部关系。外部关系侧重语言对知识形式的影响，内部关系侧重语言对知识本身的影响。需要特别说明的是，有时内部关系和外部关系没有绝对的界限，但是毕竟内外有着一定的区别。在研究中，我们既要从外部关系和内部关系的对立性中进行解构，从而明确其不同；又要从外部关系和内部关系的统一性中进行建构，从而明确其共性。接下来，本文将从外部关系和内部关系两个维度来探讨语言和知识的关系。

三、语言与知识的外部关系

语言学和知识哲学都曾对语言与知识之间的关系进行过诸多探讨，其主要的探讨有：语言是知识的载体、语言是知识的表达工具、语言是知识的容器、语言是知识。表面看这些表述相差不大，但是实际上却不全是一回事，尤其是"语言是知识的载体"这一论述。

在知识哲学中，"语言是知识的载体"可以阐释为"语言对知识的表达和语言对知识的传播"（陈洪澜，2008）。《现代汉语词典（第七版）》对于载体的解释为"泛指能够承载其他事物的事物"，还以"语言文字是信息的载体"为例进一步阐释载体。参照这一解释来看："语言是知识的载体"应指的是语言对知识的承载。《现代汉语词典》的编制目标在于"推广普通话、促进汉语规范化"，其收录的词语义项有共识性的特征。它与知识哲学领域论述的不同代表着认识的差异，知识哲学关注的载体是语言对知识的表达和传递，而《现代汉语词典》关注的是语言对知识的承载。其中表达是知识从隐性到显性的保障，例如思想必须通过语言才能为人所了解；传递是知识的人际位移，包含时空两个维度——时间上的传承和空间上的传播，而时空的传播也必然以人际的传播为基础，在人际传播中知识就产生了人际位移；承载则是知识储存，语言不仅是知识的储存方式，还是知识储存的处所，比如，李宇明（2018）曾将语言比作知识的容器，就是关注语言中储存着知识②。据此可以得出外部关系中语言在知识领域发挥的三个功能类型：表达、承载和传播。

"语言是知识"旨在判断语言的类属，即语言是知

①　该观点系笔者向首都师范大学王春辉教授请教论文时由他提出的，谨致谢忱！
②　该观点来自 2018 年 6 月 14 日李宇明教授在北京语言大学所做的《语言资源的时代需求及世界知识的中文表达问题》讲座。

识的组成部分。何立民（2012）按照知识形态，将"知识分为大脑中的记忆态知识、语言中的记述态知识和工具中的集成态知识"。其中，工具是用来实现某种目的的手段，例如刀是人类用来切割的工具，秤是人类用来称重的工具，它们蕴藏的知识分别为压强与杠杆定理。语言可以传递信息，协调生产关系，在"社会世界"①的人际交往中发挥着至关重要的作用。语言作为人类的工具也必然属于集成态知识。从这一点来看，语言是知识的有机组成部分。不过，这与"语言是知识"有着一定的区别。因为"语言是知识"中蕴含的关系是类属，但是"语言是知识的有机组成部分"蕴藏的却是组成关系。这两种关系并不相同，例如屏幕是手机的组成部分，屏幕与手机一体；但是苹果是水果，苹果与水果并不是一体。尽管它们有着上述不同，但是毫无疑问的是，语言与知识是其中的特殊情况，其特殊之处就在于它是类属关系和组成关系的交叉。

上文把外部关系人为地分为三部分：表达、承载和传播。这只是为了精确区分进而唤起大家关注语言符号中所蕴含的知识。在现实中，它们大多数情况下不会独立出现，而是两种甚至三种共现。此外，前文还探讨了"语言是知识"的相关问题。这一部分归入外部关系其实并不十分恰当，因为它已经触及了语言与知识的内部关系。它是衔接外部关系与内部关系的中间过渡状态。语言与知识的关系应该是一个连续体，二者之间既有外部关系，又有内部关系，还有过渡状态。由于此时的论述还未完全深入到本质，故仍将其归入外部关系。

四、语言与知识的内部关系

在语言和知识的内部关系中，语言对知识的作用已经从形式延伸至内部。知识哲学中把知识定义为"经过确证的真陈述"。语言对知识的作用贯穿于从陈述到确证，再到知识的整个过程。陈述经过确证，为真则成为知识，故而陈述是知识的来源。大部分陈述来源于语言，故而语言是知识的来源。陈述要想成为知识必须要经过语言这一技术工具的改造，这种改造可能是从模糊到清晰的锐化过程，也可能是从具体到抽象的归纳过程。经过锐化、归纳的"打磨"之后，陈述就要进入确证环节，而确证的条件之一就是语言。经过确证，陈述正式进入知识领域。知识在人际传播中会出现信息的磨损。接下来，本文将从"语言是知识的来源""语言对陈述的打磨""语言对陈述的确证""语言对知识的传递"等角度来管窥语言与知识的内部关系。

（一）语言是知识的来源

学界曾对知识的来源有过深入的阐述，其中包含"生而知之的先验论、行而知之的经验论、学而知之的学习论和知行合一的实践论等"（陈洪澜，2008）。先验论认为知识是与生俱来的，主张从人类的思想和感觉出发，强调人类的主观能动性和自我认识的欲望。经验论主张人类的感觉来源于与外部世界的接触，因而主张从行为开始来谈论人类对"自然世界"的认识。学习论主张知识来源于学习，即通过语言资源来学习知识；虽然人类学习的知识是间接知识，但是人类可以通过间接知识的学习、研究来发现新知识，从而实现对直接知识的拓展与延伸。实践论注重知与行的关系。墨子根据来源把"知"分为三类"闻、亲、说"，其中"闻"是学而知之，"亲"是行而知之，"说"是推（推理）而知之（陈洪澜，2008）。毛泽东认为人类在认识世界、改造世界的实践活动中获得了大量的感性认识，在对它们进行去伪存真、去粗取精的基础上进而产生理性认识，这是认识的第一次飞跃（吴振坤，1987）。人类将规律性认识运用到实践中，一方面用于

---

① "社会世界"来源于李宇明教授关于世界分类的"三世界"说的学术思考。李宇明教授认为世界有着三种类型——自然世界、社会世界和信息世界。"自然世界"是人类出现之前的世界。"社会世界"是有人类活动参与的世界。"信息世界"则是人类进入信息化社会之后，由信息构建的社会，之前也称为"虚拟世界"。

指导实践，另一方面也用实践去检验认识。经过实践检验的规律性认识便进入真理领域，这是认识的第二次飞跃。需要注意的是，第二次飞跃并不是认识的终结，人类的认识是"从实践到认识、再从认识到实践的循环往复的过程"（陈洪澜，2008）。

根据上述的四大来源可以将知识的来源分为直接来源和间接来源两大类。其中"生而知之"和"行而知之"说明了知识的直接来源，"学而知之"说明了知识的间接来源，"知行合一"则二者兼而有之。从直接来源来看，语言在其中的作用是表达，无论是生而知之，还是行而知之，它们必须通过语言来表达进而形成陈述。从间接来源来看，陈述经过语言表达、确证形成了知识。故此，我们认为语言是知识的来源。

（二）语言对陈述的打磨

语言对陈述的打磨主要体现在两个方面，从模糊到清晰的锐化过程和从具体到一般的归纳过程。

大多数情况下陈述都有着程度不一的模糊性特征。勾股定律旨在探讨直角三角形边长之间的数学关系。在口头陈述中，人们可以说"这条边和这条边的平方和等于那条边的平方和"。单听这句话，听众会丈二和尚摸不着头脑，此时讲解人就会借助手势等补偿措施帮助听众理解。但是如果要让这一陈述进入知识领域就必须明确上述的边分别是哪条边，也不能再依靠手势。这就需要利用语言对其进行锐化，约定"勾""股""弦"等概念的定义，描述其数学关系，消除其中的模糊性，加强其清晰性。

由于生活所处的环境不同，人类会对同样的颜色产生不同的认识。认识的不同要通过陈述来体现，例如，生活在海边的人对于蓝色的认识是海蓝，生活在湖边的人对于蓝色的认识是湖蓝。海蓝、湖蓝，再加上天蓝等都是关于蓝色的陈述。但是如果要将这些陈述引入光学知识领域，就要首先明确什么是蓝色。这就需要消除个体性认识差异，从中归纳出它们的共性："蓝色是短波可见光，其波长为470—430nm（纳米）"（陈啸谷、黎阳晖、高晶，2013）。上述关于蓝色的陈述经过语言的归纳只保留了其共性，消除了个性的差异。

此外，语言还可以对陈述进行抽象，从而增加其适用范围。在勾股定律中，人们先把长度（3cm、4cm、5cm）抽象成数字（3、4、5），此时边长为3、4、5的直角三角形，无论其单位大小，勾股定律都适用。尔后再把数字（3、4、5）抽象成语言（勾、股、弦），勾股定律也因此可以适用于所有的直角三角形。究其本质，抽象也是从具体到一般的归纳过程。经过语言的抽象，知识的适应范围得到了拓展。

（三）语言对陈述的确证

知识是经过确证的真陈述，而确证需要标准。黄正华（2011）以层级框架、数学框架、时间框架、空间框架等为例探讨了语言在知识确证中的作用。在黄正华的基础上，本研究进一步聚焦其本质——关系。因为无论何种语词框架，其本质都是词语的关系在确证中的应用。根据词语之间的关系不同，我们可以将其分为包含关系、辩证关系和数学关系。

首先看包含关系。人与动物是包含关系，由"甲是人"可以判断"甲是动物"这一陈述为真。

其次看辩证关系。父亲与儿子是辩证关系，既对立又统一，而且互为存在的前提。因此根据"甲是乙的父亲"就能够判定"乙是甲的儿子"这一陈述为真。在辩证关系中有两类词较为特殊，它们分别为时间词与空间词。在时间词中，尽管可以使用不同的周期来计时，例如时辰和小时，但是只要设定共同的起点就可以比较两件事情发生的先后顺序。这就是时间关系中的同时性、先时性和后时性。如果事件甲发生在2020年8月1日21点整，事件乙发生在同一天的22点整，我们就可以判断"事件甲早于事件乙发生"（先时性）和"事件乙晚于事件甲发生"（后时性）这两个陈述为真。在空间词中，物体之间的相对位置可以用上、下、左、右来表示。如果"杯子放在桌子上"为真，那么"桌子在杯子下面"这一陈述也必然为真。

最后看数学关系。一、三和四同为数字词，三者之间存在着数学关系。某个箱子内有四个苹果，拿走三个，必然还剩一个。

（四）语言对知识的传递

根据上文的论述，传递可以分为时间上的传承和空间上的传播。前文虽然谈论过语言对知识的传播，但尚未涉及传递过程中的信息磨损这一重要现象。事实上，无论是语言对知识的传承还是传播，知识在传递过程中会出现信息的磨损。

从时间上的传承来看，知识在语言的传递中会出现信息的磨损。磨损后的知识与其原貌相比呈现感情色彩的差异。以"朽木"为例，《现代汉语词典》（2016：1476）的解释为"烂木头；比喻不可造就的人"。"朽木"来源于《论语·公冶长》，是孔子看到宰予白天睡觉而发出的感慨——"朽木不可雕也"。南怀瑾（2014）认为"孔子是说宰予身体不好，让他多休息，不必对其苛求过多"。从南怀瑾的解释来看，孔子的感慨是基于宰予的身体情况有感而发。这是从实际出发，并不是说宰予是不可造就的人。"朽木"在语言的传承下，信息出现了磨损，感情色彩发生了极大的变化。知识因其背景信息的磨损而在传承中发生讹化，例如"半部论语治天下"。"半部论语治天下"形容儒家经典在国家治理中的重要性，是一种夸张的说法。"半部论语治天下"原是被人调侃时，赵普所发的牢骚①。其语境信息的磨损导致人们根据字面意思把牢骚话解读成了儒家经典助力国家治理。此处无意讨论儒家经典在国家治理中的作用，只是借此来说明人们断章取义导致的知识磨损。上述两种磨损并不相同，其不同之处在于原因和表现。"朽木"的磨损是知识本身的磨损，是言内之意的磨损，是自发性的；而"半部论语治天下"的磨损是知识背景信息的磨损导致的"言外之意"的磨损，是他诱性的。

从空间上的传播来看，尤其是在跨语言的传播中，

知识必然要经历语言间的翻译。翻译就像"转绘②"，无论译员的"转绘"水平多高，必然会有程度不一的失真。由于语言间表达习惯等方面的差异，其中蕴藏的知识一定会在翻译中发生磨损。柯平在论述语言中的不可译问题时，就曾以具体的语言资源类型与语义的关系为例来探讨语言的不可译。从"书写资源（字位）"来看，"外形独特的汉字"经常被用作比喻，例如："八字还没一撇"（柯平，1988）。该陈述的言内之意可以被翻译，但是如果对方不了解汉字"八"的书写形式，就会不知所云。在外国人名的汉译中，人们通常采用音译的方式，例如法国总统夏尔·戴高乐的法语名为 Charles De Gaulle，实际上，"法语姓名中的 De 或 Du 表示贵族"（安增龙，2002）。这一知识在翻译中只传递了能指，而没有传递所指，即所指被磨损了。

在知识的传递中，大多数情况下，知识的磨损是传承和传播的共同作用。此外，语言的不可译在知识的空间传播中导致有些知识没有办法通过翻译来传递。而有些不可译并非真正的不可译，或许可以通过添加译注的方式对其进行解释说明，尽可能地遵从"信"的原则，减少知识的磨损，保障翻译的信度和效度。这就需要译者使用更多的语言资源来复原磨损的知识，保证其完整性。

五、余论

本文从内部和外部两个角度探讨了语言与知识的关系，进而管窥了语言知识观。实际上，外部关系和内部关系之间没有绝对的界限。语言与知识的关系是一个连续体，是从外部关系逐渐向内部关系过渡的连续状态，是外部关系与内部关系融合的结果。语言知识观作为一种语言观首先丰富着人类对语言的认识，

---

① 参见河南大学王立群教授做客百家讲坛的第二十一讲《百官读书》，http://kejiao.cntv.cn/bjjt/classpage/video/20120913/100823.shtml，访问于 2021 年 4 月 5 日。

② "转绘"与"首绘"由李宇明教授 2019 年 12 月 6 日在北京语言大学"汉语国际教育名家讲坛"的讲座《中文的国际知识供给》中提出。

语言于人类而言不仅是符号体系，还是知识体系。在这一认识下，语言资源的内涵也得以拓展至知识资源，推动语言信息处理向语言知识处理发展，进而提高自然语言处理水平，不断提升人工智能的智能水平，带领人类进入智能化时代。在此过程中，语言知识处理不仅将注重对语言资源蕴藏的知识进行挖掘，更将注重知识推导规则的提取。长远来看，以语言资源为基础的语言知识处理必将取得重大发展，产生重要影响。

参考文献

［1］安增龙：《美国财阀——杜邦传》，时代文艺出版社 2002 年版。

［2］曹志耘：《中国语言资源保护工程的定位、目标与任务》，《语言文字应用》2015 年第 4 期。

［3］陈洪澜：《知识分类与知识资源认识论》，人民出版社 2008 年版。

［4］陈啸谷、黎阳晖、高晶：《色彩管理实用手册》，印刷工业出版社 2013 年版。

［5］丁石庆：《中国语言资源保护工程语料资源的质量、价值和效用——以少数民族语言材料为例》，《暨南学报（哲学社会科学版）》2018 年第 10 期。

［6］何立民：《知识学原理》，北京航空航天大学出版社 2012 年版。

［7］黄正华：《语言与知识》，人民出版社 2011 年版。

［8］柯平：《文化差异和语义的非对应》，《中国翻译》1988 年第 1 期。

［9］梁京涛：《语言资源功能研究》，博士学位论文，北京语言大学，2020 年。

［10］南怀瑾：《论语别裁》，东方出版社 2014 年版。

［11］邱质朴：《试论语言资源的开发——兼论汉语面向世界问题》，《语言教学与研究》1981 年第 3 期。

［12］孙茂松：《大数据与富知识双轮驱动成 NLP 未来发展关键》（2019-10-12）［2020-04-03］，http：//baijiahao. baidu. com/s? id=1647145767974189102&wfr=spider&for=pc。

［13］王锋：《为我国各民族交往交流交融搭建语言之桥》，《中国社会科学报》2018 年 11 月 6 日。

［14］吴振坤：《马克思主义基本原理简明教程》，中共中央党校出版社 1987 年版。

［15］中国社会科学院语言研究所词典编辑室：《现代汉语词典（第七版）》，商务印书馆 2016 年版。

On the Concept of Language as Knowledge in the Study of Language Resources

（Liang Jingtao，Istitute of Applied Linguistics，Ministry of Education /Beijing Normal University

Zhang Hongjie，School of Marxism Studies of Hebei Normal University for Nationalities

Abstract：With the in-depth research，the concept of language as semiotic seems no longer applicable while the concept of language as knowledge is more closely matched with the language resource utilization. On the basis of previous studies，this paper is an attempt to explore the concept of language as knowledge from the relations between language and knowledge，so as to change the concept of language resources research and development，develop the knowledge that contained，and help to improve the level of artificial intelligence. The relations between language and knowledge can be divided into external relations and internal relations. From the perspective of external relations，knowledge can be expressed，carried and transmitted by languages. As to the internal relations，language is the source of knowledge. Expressions can be polished by knowledge. Language serves as a standard of proving and knowledge attrition will happen in the transmission of language.

Key words：Language Resources；Concept of Language as Knowledge；External Relations；Internal Relations

作者简介

梁京涛，中国戏曲学院学生处讲师，文学博士。主要研究方向：语言资源、社会语言学。

张宏杰，河北民族师范学院马克思主义学院讲师，哲学硕士。主要研究方向：传统文化、中国古代哲学。

（学术编辑　李桂梅）

书评

立足当代语言生活 树立语言规范新理念
——评刘楚群《新词语构造与规范研究》*

姚 敏 北京华文学院

语言文字规范问题从来就不是个人小事，而是关乎社会稳定、国家繁荣的大事。刘向（《说苑·善说》）说，"出言陈辞，身之得失，国之安危也。"历朝历代都在语言文字规范问题采取过很多重要的举措。学术界就语言文字规范问题有过很多研究，特别是近百年来有关语言文字规范问题的研究和论争从未停止过。刘楚群教授的新著《新词语构造与规范研究》（中国社会科学出版社，2020）（下文称"该书"）立足当代语言生活，树立了语言规范的新理念，是近年来语言文字规范领域的一部具有理论创新性的力作。全书共六章，32万余字，立足中国现代语言规范的时代背景和当今语言规范的诸多论争，分析探讨了新词语的造词效能和社会效应，构建了"中和诚雅"的当代语言规范观。该书的价值主要体现在如下三方面。

一、构建了"中和诚雅"当代语言规范观

自20世纪50年代以来，我国语言规范大致可以分成两个阶段，即：50年代至80年代的匡谬正俗期，80年代以后的反思完善期。在语言规范实践中形成了各种规范观，其中影响最深远的是"约定俗成"的规范观，同时也产生过"动态规范""发展规范""追认""预测""语用为本的规范"等规范观。语言规范观总是要契合特定的时代语境，传统的匡谬正俗规范观和约定俗成规范观都是特定时代的产物。当代语言规范的语境已经发生明显变化，规范的基本理念也应该变化，应该构建一个适应当代语境的科学语言规范观。

该书认为，语言规范视角下的当代新语境表现出几个重要的特征：时代文化的多元化，语言生活的多样化，语言意识的多重化，语言传播的全球化，交际工具的智能化，这些新的时代特征都会影响语言规范的理念和实施。在这种全新的社会文化语境之中，语言规范应该恪守几个基本理念：一是语言规范要有国家意识，二是语言规范要有包容意识，三是语言规范要区分本体规范和使用规范，四是语言工具性要优先于文化性，五是"于今有理"要优先于"于古有据"。

在当代语境之下，语言规范要区分本体规范和使用规范，二者的规范观并不一样。书中以中国传统文化为基础，提出了"中和、诚雅"的语言规范观。

* 本文为国家语委"十三五"科研规划2019年度中青班项目《东南亚华人多语能力现状及其在"一带一路"中的作用研究》（YB135–133）及国家社科重大项目《境外华语资源数据库建设及应用研究》（19ZD311）的阶段性成果。

"中和"的语言本体规范观包括"持中"的规范原则与"和而不同"的规范理念，"中"即"中庸"，"和"即"和谐"。"持中"的规范原则包括三方面内容：第一，对当代新语言形式要区别对待，不可一概肯定或否定；第二，对当代新语言形式要辨证看待，科学分析各种形式的存在价值和语境效果；第三，对当代新语言形式不要过度干涉，可以顺其自然，实现语言的自我优化。"和而不同"的规范理念主要包括两方面内容：第一，理性认识语言的发展变化，包容各种新的语言现象。第二，尊重不同群体的语言使用习惯，构建和谐的语言生活。

当代语言规范的一项重要任务是进行言语行为的规范，因为当代社会生活的特征导致了传统的语言伦理发生了很大的变化。在当代生人社会中，应该区分言语行为规范的低层次要求和高层次要求，低层次的基本标准是致"诚"，即要达到"真实无妄、不自欺、不欺人"。高层次要求是言语行为的审美追求，目标是求"雅"，即追求"典雅、淡雅、古雅"，合称为"诚雅"的言语行为规范观。致"诚"的低层次言语行为规范包括四方面内容：第一，诚信，即言语真实，不欺诈；第二，真诚，即言之有物，不讲空洞套话；第三，实诚，即言辞朴实，不虚饰浮文；第四，德诚，即避免低俗，语言能体现个人修养和社会公德。"雅"的言语行为规范主要包括两方面内容：一是形式上追求庄重典雅；二是内容上强调道德教化。在快餐式俗文化流行的背景下，必须有人坚守"雅"文化和"雅"的语言风格，并以此传承优秀的传统文化。

应该说，"中和诚雅"的当代语言规范观是在前人基础上提炼出的新的科学语言规范观，具有创新性和科学性，对处理当代各类语言规范问题和语言纷争具有较好的指导作用和重要的理论意义及应用价值，也是该书的最大亮点之一。

二、阐述了新词语的构造理据

该书从结构功能角度深入阐述了部分新词语的构造理据，具体包括新词语的音节特征考察、别解造词现象考察、亲属义类词缀造词现象考察、近义类词缀造词现象考察，以及"山寨""人肉搜索""家庭煮夫"等新词语的个案考察。

该书深入探讨了近年新词语三音节化倾向的原因。第一是因为大量新兴的三音节词语模的产生，这些词语模具有强大的模因造词功能；第二是因为社会发展造成概念复杂化，语义更加丰富复杂的新事物新概念大量出现，单音节和双音节词语不能胜任这种新的表达需求；第三是汉语语法结构简约化的内在机制抑制了音节长度的无限增长，所以三音节词语更容易被大量模因，在数量上远多于四音节以上词语。

别解造词是近年来比较流行的一种修辞造词方式，包括语义别解、语法别解、语音别解、字形别解。该书深入阐述了别解造词之所以流行的社会文化理据，一是具有客观的逻辑基础，二是具有陌生化的美学效果，三是依存于凸显个性的时代文化，四是网络媒介起了推波助澜的作用。当然，别解造词存在盲目追新求异和粗制滥造的现象，很容易出现低俗化和随意性倾向，是语言规范的重点对象。

类词缀造词是新词语生成的一种重要手段，"哥、弟、姐、妹、爷、嫂、爸、妈"等业已生成了大量的新词语。书中深入阐述了"哥、弟"等由"亲属名词"至"非亲属名词"再至"类词缀"的语义虚化轨迹，还分析了这些亲属义类词缀造词的语义理据（事件造词、现象造词、人名造词）及其风格色彩（纪实性、调侃性），并探究了影响各亲属义类词缀造词能力强弱，发现了有一定普遍价值的规律。书中阐述："词素概念的内涵与造词能力成反比，一个造词语素其造词能力的大小取决于其概念外延的大小，概念的外延越大其包含的事物就越广，所以其造词能力就越强；而概念的外延与内涵是成反比的，即内涵越简单、语义越泛化，其外延就越大，造词能力也就越强。"该书还考察了近义类词缀——"族""奴"的造词特点。认为"X 族"中的"X"一般为陈述性成分，"X 奴"中的"X"则一般为指称性成分，这种差别决定了"X 族"多为三音节形式而"X 奴"则多为双音节形式。此外，还考察了"山寨""人肉搜索""家庭煮夫"这三个新词语的基本句法语义语用特征及其生成的理据。

通过对诸多新词语构造理据的探讨，可以发现，新词语的生成大都没有脱离汉语基本语法规则和语义规则的轨道，换句话说大都是符合汉语的语法规范和语义规范的；有少数新词语确实也违背了构词理据，特别是有部分新词语存在表意的随意性和低俗化的特征，这是需要进行必要规范的。

三、调查分析了新词语的社会效应

语言从产生之初起就和人类社会息息相关，从来就没有脱离人类社会而存在的语言。新词语是社会生活的一面镜子，映照了社会生活的方方面面，一方面记录社会发展的轨迹和人们生活中的喜怒哀乐，另一方面又在一定程度上影响着人们对客观世界的认知。调查分析新词语的状况，可以探究当代人的生存状态、生活方式和生活态度。该书从社会共变、词媒体性、调侃效能、社会知晓等四方面调查分析了新词语的社会效应。

新词语与社会发展具有共变关系。本书立足 2006—2014 年国家语委正式公布的 4000 多个新词语，发现 21 世纪以来，中国社会很多行业领域都获得了巨大的进步，其中发展速度最快的产业主要有交通、信息产业、电子产品等。通过对 4000 多个新词的计量分析显示，近年来最受关注的民主问题主要涉及诚信公德、教育就业、楼市安居、医疗健康、公权腐败、婚姻家庭、环境保护等七类问题。

部分新词语在传播过程中表现出明显的词媒体性。词媒体，是将词作为传递信息的载体，把有丰富内涵和特定的信息融于简洁凝练的词语形式，往往带有比较明显的负面评价的主观情感倾向。其初期传播速度非常快，不过，被持续关注的时间一般不会太长。"……如果在词媒体传播过程中出现了与该事件密切相关的敏感性事件，则可能引发词媒体传播的第二个小高峰，从而造成发帖量的激增。"

部分新词语在表达风格上具有很强的调侃效能。新词语的调侃性是特定时代的产物，诚如书中所述："进入 21 世纪以来，一方面，人们的物质生活更加富裕，精神追求越来越高，在关注自身的同时，也越来越多地关注他人的生存状态，关注社会公平公正；另一方面，在社会体制深化改革的过程中又出现了诸多新的社会问题。这些新的社会因素为调侃语体的进一步发展创造了条件；再有，随着思想认识和文化水平的提高，民众不再用极端的手段来解决问题，而是慢慢地习惯于用一种嘲弄戏谑的口吻表达对某些现象的看法，特别是随着网络的普及，调侃语的传播更加方便快捷。"调侃性新词语的生成方式与两方面因素息息相关，一方面是依托特定社会事件，有的从特定事件中提炼出来，有的是对特定话语的无限放大；另一方面是借助一定语言手段，可以使用语法上的陌生化搭配，也可以通过某些特定的修辞方式生成。调侃性新词语模仿性强，适应范围广，在日常语言生活中使用频率非常高。

新词语的社会知晓度。在当代语言生活中，各种新词语、流行词语层出不穷，让人应接不暇，但是很多新词语如昙花一现，稍纵即逝，还没有被受众接受熟悉甚至了解就已经淹没在词汇的汪洋大海中了。该书调查了 2006 年度新词语和 2010 年度流行语的社会知晓情况，总体看来，新词语的社会知晓度比较低，绝大多数新词语时隔几年之后都慢慢淡出了民众的视野。

李宇明教授在为该书所作序言中说："楚群对新词语的造词效能和社会效应进行了深入的观察、描写和规则概括，在此基础上提出'中和诚雅'的语言规范观。这一规范观与古来的'雅正''中庸'观念相通，与当今构建和谐语言生活的理念相通，是很有价值的。"语言规范是语言生活中标杆与方向，需要与时俱进，不断契合时代和语言生活的需求。每一个时代都有特定的语言规范对象、任务、目标和理念。该书结合我国语言规范的理论和实践，深刻剖析了今天的语言生活与语言文化，构建出"中和诚雅"的当代语言规范观，我们相信其对指导未来的语言规范实践具有很强的参考价值。

作者简介

姚敏，博士，北京华文学院副教授。主要研究方向：语言政策与语言规划。

（学术编辑　石绍浪）

图书在版编目(CIP)数据

语言规划学研究. 第 11 辑 / 李宇明主编 . —北京:中国社会
科学出版社,2021.12

ISBN 978-7-5203-9428-4

Ⅰ.①语… Ⅱ.①李… Ⅲ.①语言规划—研究 Ⅳ.①H002

中国版本图书馆 CIP 数据核字(2021)第 259383 号

出 版 人	赵剑英	
责任编辑	宫京蕾	周慧敏
责任校对	李 剑	
责任印制	郝美娜	

出 版	中国社会科学出版社
社 址	北京鼓楼西大街甲 158 号
邮 编	100720
网 址	http://www.csspw.cn
发 行 部	010-84083685
门 市 部	010-84029450
经 销	新华书店及其他书店

印刷装订	北京君升印刷有限公司
版 次	2021 年 12 月第 1 版
印 次	2021 年 12 月第 1 次印刷

开 本	889×1194 1/16
印 张	6
字 数	166 千字
定 价	85.00 元